改变，从阅读开始

漢唐陽光 · HTYG

未完成的悲剧

周作人与霭理士

戴潍娜 著

江苏凤凰文艺出版社
JIANGSU PHOENIX LITERATURE AND ART PUBLISHING, LTD

图书在版编目（CIP）数据

未完成的悲剧：周作人与霭理士 / 戴潍娜著. -- 南京：江苏凤凰文艺出版社，2018.8

ISBN 978-7-5594-2523-2

Ⅰ. ①未… Ⅱ. ①戴… Ⅲ. ①周作人（1885-1967）—人物研究 Ⅳ. ① K825.6

中国版本图书馆 CIP 数据核字（2018）第 152561 号

书　　名	未完成的悲剧：周作人与霭理士
著　　者	戴潍娜
责任编辑	黄孝阳　汪　旭
出版发行	江苏凤凰文艺出版社
出版社地址	南京市中央路 165 号，邮编：210009
出版社网址	http: //www.jswenyi.com
印　　刷	鸿博昊天科技有限公司
开　　本	880 × 1230 毫米　1/32
印　　张	8
字　　数	150 千字
版　　次	2018 年 8 月第 1 版　2018 年 8 月第 1 次印刷
标准书号	ISBN 978-7-5594-2523-2
定　　价	54.00 元

天地不合，
万物不生。
大昏，
万世之嗣也。

——《礼记·哀公问》

目　录

序曲

最后的维多利亚博物学家
与最后的书斋活古人

一个人
和他的镜子跳舞
一个人
和他的替身跳舞

一

爱默生发问："如果繁星隔千年才出现一晚，人类将如何信仰与崇拜，并世代保留上帝之城的回忆？"自私又自负的人类，在接下来抵抗遗忘的千年里孜孜不倦地建造宫殿、律令、道德以及审美。那座世人心境中反射的"上帝之城"，于是多半建立在世代巩固的偏见和长夜难明的谬误之上。若有勇士妄图力挽狂澜于既倒，刮垢磨光恢复上帝之城的本来面目，则难逃被扔到巨大赌场的轮盘转前的宿命——艺术家、巫师、先知、救世主、圣人、殉道者、改革家、解放者……天界的赌场绝不比人间的更公道，命运的轮盘针多数停留在了异议分子、离经叛道者、精神病患、乱臣贼子这类宫格。一面要与千百代的故鬼幽灵纠缠，一面还要与时代肉搏，若输得漂亮，可以成为祭品被奉上时代的供案；倘若输得狼狈，则沦为时代的垫脚石，遭遇同时代人以及他们没完没了的子孙后辈的踩踏。

鲁迅早说了，国亡的时候文人和美女往往做了替罪羊。回望 20 世纪的中国文人图景，如一部节奏倏忽变换、不时被打断的诗剧，其间穿梭着各式耀眼的、晦暗的、热闹沸腾又悲欣交加的背影，他们在一个社会政治急剧转换的变调和切分中，传承并塑造着这个国度的价值观念、情感方式以及社会风尚；在剧情的动荡推进中，他们最终抵达了那一代知识分子集体性的悲剧。这群活命于语言中的人类主体掀起的风暴至今未平，他们中一些人在死后仍在啜饮自己的悲剧。其中，“以文字而获荣辱，反差之大者，无过周作人”[1]。

舒芜研究周作人的整个人生，称其为“未完成的悲剧”。这个终身钻在线装书里的“活古人”[2]，于1967年走完了他的人生，但他的悲剧远未随其去世而落幕。

这个比东条英机年小18天，且长相有几分相近的文弱书生，有着一张颇具东洋味道的脸孔，细加察看，那表情是江户的，是歌麿的，是明末大城的，是左祖右社的旧北平的……他喜欢的都是诸如民俗学、性心理学、女性学、儿童学、希腊旧剧、日本俳句这类轻而淡的“软学问”，闲适清淡里还透着浪漫的、乌托邦式的理想。且其深谙平民趣味，保持着对咸鱼、软膏、香椿、野荠等一律“吃食”的喜迷，上知天文地理，下晓花鸟虫鱼。然而，自1939年3月26日受任日本侵略军麾下的“北京大学文学院筹备员”伪职起，这张原本韵味淳然的脸孔逐渐被折磨得羞辱不堪，日渐模糊。及至1947年以“通谋敌国，图谋反抗本国罪”被判处有期徒刑10年、剥夺公民权10年的前夕，黄裳在老虎桥模范监狱见到周作人已是“东坡风貌不寻常”——

“他穿了府绸短衫裤，浅蓝袜子，青布鞋。光头，瘦削，右面庞上有老年人常有的瘢痕，寸许的短髭灰白间杂，金丝

[1] 孙郁：《“这一个”周作人》，孙郁选编《周作人精选集》，北京：北京燕山出版社，2011年，第5页。

[2] 舒芜：《周作人概观》(下)，《中国社会科学》1986年第5期。

眼镜……与想象中不同的是没有了那一脸岸然的道貌，却添上了满面的小心，颇有《审头刺汤》中汤裱褙的那种胁肩谄笑的样儿。”[1]

“以文化替代政治”的50年代，寿多则辱的周作人亟愿死而速朽，人死销声灭迹；至60年代，贫病交加的他变卖日记，并公然宣称如果卖不出去，他就要“托钵于市矣”，其后期的散文也“一变而为苍老，炉火纯青，归入古雅、遒劲的一途了”[2]。生前就开始变卖日记，可对自己的附逆一事却始终讳莫如深——“凡大哀极乐，难写其百一，古人尚尔，况在鄙人。深恐此事一说便俗，非唯不能，抑亦以为不可者也。”[3]面对窘辱，绝口不言，这“一说便俗”背后似有甘饮毒鸩的难言之隐和不希冀旁人理解的默然倨傲。一层玄妙高深的迷雾笼罩上了这张炼狱之火烘焙过后的东方面庞，它变得难理解、晦涩、前后不一，在驳杂哀凉之外又拥有了一种“思想深处不可理喻的复杂性”[4]。以至于盖棺50年后，时代依旧追不上他的道德和审美逻辑，世人依旧难于辨清这个复杂幻象背后支撑的秩序、根由、意义和价值。

有如一场自设的骗局，要解开其中层层相扣的暗纽，获得对周作人欲求和行为的理解，以及一张艺术化的人格剖析图，

---

〔1〕黄裳:《老虎桥边看“知堂”》,《金陵五记》，江苏：凤凰出版社，2000年。

〔2〕郁达夫:《中国新文学大系·散文二集》(导言)，上海：上海文艺出版社，1935年。

〔3〕周作人:《知堂杂诗抄》，长沙：岳麓书社，1987年，第37页。

〔4〕孙郁：《“这一个”周作人》，孙郁选编《周作人精选集》，北京：北京燕山出版社，2011年，第5页。

首先需要厘清他与周边世界的关系。诚如超现实主义绘画中所表现的那样，人物最重要的关系是他在世俗现实之外的真实关系。溪流旁的奈喀索斯看见了自己水中的映像，活命于语言中的人类主体无不在虚空中寻找承载自己的那条溪流，并疯狂抓取镜中的影像，以构筑一个有关自我的参照体系。黑格尔说“人是一个自然意义上的黑夜”〔1〕，在周作人的参照星系中，霭理士可谓最重要的一颗星辰。

1918 年 10 月 15 日周作人在《爱的成年》一文里第一次译引霭理士〔2〕的观点，此后他在文章中 66 次提及、翻译或引用霭理士，并终身宣称霭理士是对他影响最大的思想家之一。霭理士的《性心理学》被周作人称作“启蒙之书”——“我读了之后眼上的鳞片倏忽落下，对于人生与社会成立了一个见解。”〔3〕某种意义上，周作人通过霭理士获得了那个被称作自我的幻想。仅仅一个幻象，一个遥相呼应的知觉，造就了一个有稳定意义的自我，及他者与自我的关系。

以现代心理学的眼光来看，对周作人的重观不仅是对其外部图像的认同或否定，更要深入到其分离的身体及内部的感觉，从而获得拉康理论关于“支离破碎的身体转向它的整体性的矫

---

〔1〕张异宾：《拉康：从自恋到畸镜之恋》，《张异宾自选集》，南京：凤凰出版社，2010 年，第 73 页。

〔2〕霭理士，Havelock Ellis（1859–1939），英国人，也被译为蔼理斯、埃利斯等，本文统一译为霭理士。

〔3〕周作人：《东京的书店》，《瓜豆集》，石家庄：河北教育出版社，2002 年，第 72 页。

形术图像”[1]。霭理士作为一根拐杖、一个校正性工具、一个辅助图像的存在，满足了后世对周作人思想行动格律化的审美冲动，同时亦帮助世人驱散了那些萦绕在这个支离破碎形象上的种种舛误的知觉与偏见。

二

就像文学辞典中，由一个词的释义，引到另一个词，最后形成一条能指的链。周作人的词条，从自身的匮乏中出走，不断援引、触碰、勾稽霭理士，看到他者，并将其知觉作为一个整体。于是霭理士作为周作人的证词而存在。

某种意义上，这是人与人之间最慷慨善意的帮助，另一方面也是一种“甜蜜奉从”的权力关系。在周作人的文字界与象征界里，霭理士作为一种映照，永远在场。

1859 年出生于英国克罗伊登市（Croydon）的霭理士，被称作他所处的时代里最文明的人。追随达尔文、斯宾塞、弗雷泽等博学家通才的传统，霭理士相信智性与情绪、科学与文学之间并非矛盾隔阂。他认为理性、思想恰恰依赖着感觉和习性的支撑与供养，而他超凡脱俗的均衡，使得他不仅投身饲文，同

---

〔1〕崔露什:《从拉康的镜像理论看电影及其他媒介影像的镜子功能》,《社会科学论坛》2009 年第 2 期。

时成为一个严谨狂热的自然科学探究者，努力将诸如道德起源、生物学、性学、儿童学、医学、妖术史、民俗学等文理知识海纳百川，汇入自己的学术版图。他没有周作人那样对吃食的精到兴味，即便在他数以百万字的随性的日记里，也从未出现过与吃喝相关的只言片语。他是以吃知识为生的怪物。曾有一位女记者将他的形象传神地描绘为“半羊半人的牧神”，似乎只有这圣父与肉欲农牧神的结合体，能够囊括其渊深的学问与庞大的诱惑。

像霭理士和周作人这样的“天生老年人”，你很难想象他们稚嫩的童年模样。细看两人儿童时期的照片，都不爱笑，怔怔的，木讷背后似有一种暗哑的悲伤。周作人出生时，有流言传开说他是老和尚投胎，“不是头世人”[1]。霭理士则惊人地自两岁开始就有记忆，五岁开始读写，七岁便开始了周游至世界另一端的航海。难以想象，一个七岁的孩子，对政府花园中各类花草的学名及其属地，产生了强烈的考据兴趣。这个稚童在日记中不忘记录，一位名叫斯图尔特的绅士借给他一本美丽的富有启发的自然历史书。十二岁时，他甚至预备出版他的第一本书。似乎，某个中世纪的博物学家已在这具小小的身躯上附体。从十岁起，他就开始给每一本读过的书做笔记和注释。他的自传也更多的是其“阅读自传”而非“生活自传”。无论霭理士还是周作人，都过着一种建立在“阅读”之上的人生。活

[1] 钱理群:《周作人传》，北京：北京十月文艺出版社，1990年，第2页。

在纸笔上的人，对于世俗生活有诸多艺术高见，却始终缺乏投身其间的燃烧热度。

霭理士的文字向来被称道为“风和日丽”。“风和日丽”有时也可以是缺乏激情的褒义表达。有研究者注意到，他最常用的两个词语分别是“和蔼的”和“照耀的”，其舒展有致的文风离不开伊比利亚元素的影响和风气的滋养。霭理士的父亲是一名船长，那种典型的、游荡与古板相结合的男性气质与海洋人格，是19世纪末大不列颠的特产。作为船长之子，霭理士一生都在另一座大海上游荡，他在《我的一生》中写道：“我成为了道义之海的探险者，精神之海的先锋……永不疲倦地追寻水域海平面以下的世界。”这个流浪不止、自由不羁、极度冒险、多才多艺的灵魂认识到自己继承了海员的独特个性、远见及广阔视界。〔1〕“他的著作很少写到大海，但他最迷人的篇章无一不沾染着海蓝的气息。”〔2〕

据说杰出人士的母亲无一例外都是伟大的天使或伟大的恶魔。如果有人来专门研究伟人的母亲，那大概会是极有趣的课题。据传记作家斯图尔特（John Stewart Collis）观察，霭理士的母亲不同于那些“时时感受到女王注视”的维多利亚妇女，为了维持“体面”，极尽所能地为周边人创造悲剧。他举出约

〔1〕John Stewart Collis, *Havelock Ellis: Artist of Life—A Study of His Life and Work* (New York: William Sloane Associates, 1959).

〔2〕John Stewart Collis, *Havelock Ellis: Artist of Life—A Study of His Life and Work* (New York: William Sloane Associates, 1959).

翰·拉斯金和D.H.劳伦斯的母亲为例，“她们尽最大力量去摧毁她们的儿子，并几近成功”[1]。幸运的是，霭理士的母亲尽最大力量保全了霭理士的天性。伟大母性的光影和力量，使得他终其一生都对女性抱有天然的同情和美好的信仰——这同情和信仰成为一种纯粹的直觉，它几乎像霭理士一笔巨大的债务，一生都要向“第二性”偿还。

霭理士在其自传中坦承，他一生无法向母亲以外的任何女人称呼“最亲爱的”，且无法向任何人承诺至死不渝的爱情。这个对爱实验终身的人，是否恰是一个爱情的怀疑主义者？或是一个“无爱”信仰的隐秘追随者？或者，只能说他的人生是“一束矛盾”。12岁时，霭理士爱上了舅舅家黝黑健美的女儿艾格尼丝，她年芳16，他们时常在晚餐后一同去林荫道上散步，姑娘偶尔会让霭理士挽着她的手臂，如同挽着一个小小的淑女。可她不知道，这些时刻打开了一颗积满爱矿的心灵。霭理士日后用神秘的笔调回忆起那倾注了全部纯情的少年时刻——“一次生命中的偶遇释放了他的神智，令其与遥远祖先们共舞。那不知情的女孩，她顽皮的手就这样开启了那探究宇宙的黑暗之窗。而这一切，无论如何，与她无关了。”他们当了一阵子“笔友”之后便中止了书信。霭理士感谢他的祈祷没被上帝听见，然而那扇黑暗之窗却对他蛊惑终身。

---

〔1〕John Stewart Collis, *Havelock Ellis: Artist of Life—A Study of His Life and Work* (New York: William Sloane Associates, 1959).

1889年，他加入了伦敦的人类学会，次年读到了詹姆斯（William James）的“精神心理学原则”，并受其影响，认为情绪与身体的变化是同一的。[1] 自从霭理士从澳大利亚回到大不列颠，他就一直在写一本名叫《男与女》的书，有意思的是，他那时完全是个什么都不懂的愣头青，书中大量关于男女生理免疫学的描写，都来自于他和女作家奥利文（Olive）[2] 之间有关“秘密”的交换和探讨。这本册子很快就像一则无人问津的帖子般折戟书海。不过一本书有自己的命。谁也没想到，《男与女》后来连续加印了四版[3]。在《男与女》这本五百多页的霭理士口中的“小书”中，他综合古今中外各类知识，探讨男女的生理差异及生理差异驱动下生发的心理异同。其内容新奇博杂，很难说它究竟是科学还是诡辩。其中探讨话题诸如：“盆腔的进化关系到性、情感、头骨以及大脑的进化；触觉、痛觉、味觉、听觉、视觉以及色听；血液、呼吸、排泄等新陈代谢对霉素、毛发、色素、腺体、声音、胃等脏器的控制；月经的主宰功能，等等。”[4] 斯图尔特认为，“他由此引出了最关键的问题——女人何以是女人”，在凿实的医学、生物学基础上，不乏神秘主义的

---

〔1〕Phyllis Grosskurth, *Havelock Ellis: A Biography* (New York: Alfred A. Knopf, 1980), p.232.

〔2〕奥利文（Olive Schreiner，1855–1920），19世纪后半叶到20世纪初南非最重要的女作家和女权主义者，1867年跟哥哥一起搬到Cradock，哥哥离开Cradock后，奥利文选择当一名家庭教师。她在很多农场当过家庭教师，并受到启发以笔名Ralph Iron发表了《非洲农场故事》（1883）和寓言故事集《梦境与现实》（1893）。

〔3〕Phyllis Grosskurth, *Havelock Ellis: A Biography* (New York: Alfred A. Knopf, 1980), p.170.

〔4〕John Stewart Collis, *Havelock Ellis: Artist of Life—A Study of His Life and Work* (New York: William Sloane Associates, 1959), p.96.

玄学讨论，甚至单列出一章专门探讨“催眠现象”。霭理士同时也是第一个公然拿毒品做实验并加以描写记录的欧洲人。“当梦未醒之时，它与真无异，生活亦如此，只要还在继续，它就是真实的”，通过吞食一把草药，打开身体内部的明灯，凝视黑暗之窗。他本人曾在寺庙里尝试仙人球毒碱等各种致幻性植物，借此内观身体的变化及奇异的幻象。他一面称颂致幻剂带来的“视觉的仙境”，一面不乏严谨地总结道：“真正的极乐——那些源自于虚无的馈赠，无不需要以一定程度的健康损害作为交换。”致幻药如此，性亦是如此。

在时而诗意、时而故弄玄虚、时而平实晓畅、时而博大精深的文字背后，霭理士擅长玩弄一种“迷惑的愉悦”。他相信“性”是上帝赠予人类的最神秘的礼物，努力对维多利亚时代落后的性观念补偏救弊。“不仅宗教是一种神圣的神秘，爱亦是，艺术亦是。”[1]毋庸置疑，霭理士巨象式的写作对20世纪初的欧洲及世界产生了深远影响。《柳叶刀》杂志（*Lancet*）认为，“性这一精微的主题，在霭理士手中被处理得既彻底又体面”[2]。罗宾逊（Paul Robinson）总结说，霭理士在“性的现代化”上作出的贡献，“可以等同于马克斯·韦伯之于现代社会学，或阿尔伯特·爱因斯坦之于现代物理学”[3]。同时代的性学

〔1〕John Gawsworth ed., *From Marlowe to Shaw: The Studies, 1876-1936, in English Literature of Havelock Eiilis*（London: Williams and Norgate, 1950）.

〔2〕*The Lancet*, 12Jan（1901）, p.108.

〔3〕Paul Robinson, *The Modernization of Sex*（London: Paul Elek, 1976）, p.3.

大师还有有“性学之父”之称的爱文·布洛赫（Iwan Bloch）、西格蒙德·弗洛伊德（Sigmund Freud）、马格努斯·赫希菲尔德（Magnus Hirschfeld）、詹姆斯·欣顿（James Hinton）等。此后又有如撰写性学报告的金赛（Alfred Kinsey）、性教育研究专家威廉·马斯特斯（William Masters）、弗吉尼亚·约翰逊（Virginia Johnson）等后继之人，他们一同塑造了那个时代人们对“性”的看法及日后的社会风尚。

早年的霭理士着迷于布尔热（Paul Bourget）关于爱之心理的分析，1885年他狼吞虎咽读完了两卷本的《现代心理学》（*Essais de Psychologie Contemporaine*）。1890年夏，霭理士终于得到了他的医学学位。同年3月，霭理士出版了一本后来影响深远的著作《新精神》（*The New Spirit*），其中包括了五篇散文，分别评论狄德罗、海涅、惠特曼、易卜生以及托尔斯泰，其中涉及人类学、社会学、政治科学。他始终不忘讨论女性问题，同时论及艺术将取代宗教成为社会情绪的闸口。由于书中大量关于“女性解放”的激进观念，一度有流言传说《新精神》的作者是个女人。有当年的批评家描述霭理士是一个“新兴的多神教徒”（neo-pagan），他大约36岁左右，高个儿，有一张理想主义者的脸、多且不净的毛发、宽阔的额头，两眼分得很开，脸上偶尔掠过迷人的微笑，但多数的时候是凝重的，甚至忧伤。他是那种极为谦逊孤僻的人——在社会中害羞甚至紧张。除非不得已，很少作公共发言。而他的阅读，却特别关注边缘、出格之异类，可以说思想摩登至极。他关于新兴时髦的社会主义、自由性爱、无政府主义等革命性观念的看法，已将他与同时代的英国作家们区分开来。

霭理士当年那些激进的观点，如今一天天变得可行起来，“我们的时代在追赶他”[1]。怀德·弗兰克（Waido Frank）这样的研究者认为，只有通盘读遍霭理士全部的大部头，才能“替那些打破盲目崇拜的沉默进行辩护”。

大师在聪明之外更需要的是“笨”。霭理士七卷本的《性心理学》（*Studies in the Psychology of Sex*）笨重而迟缓，非常吓人，其中《性与社会》一卷格外重要。《性心理学》出版后，一时间伦敦疯传霭理士是一个隐秘的同性恋者，在他跳出来澄清否认之后，人们又鼓唇弄舌在坊间暗传他是个无性的男人，一个全然的处子。一个对于“性”有着如此彻底、极端探究的男人，却有着极端纯净、晚熟的青春。一种全然的“天真”伴随其一生。

1881年，《摩登思想》刊登的文章《何谓纯洁》引发了霭理士的思考，他继续发展了詹姆斯·欣顿的思想，重新考察了“纯洁”一词，在压抑古板的维多利亚社会风尚中发出了尖锐的声音：纯洁并不意味着节欲。某种意义上，他颠覆并重新定义了“纯洁”。所谓性道德，仅是人们的一种想象。几乎像一场漫长的心理实验，霭理士一生与诸多女性建立起了以坦诚倾听为机制，以自由为宗旨，实验性的爱之人生。他宣称自己一生从

[1] John Stewart Collis, *Havelock Ellis: Artist of Life—A Study of His Life and Work* (New York: William Sloane Associates, 1959), p.63.

未失去过一个朋友。从各种现存史料来看，他也的确具备维护各式各样坚贞不渝的伟大“友情”的特殊天赋。研究者丁英格（Dean Inge）声称霭理士是一个“理解的天才”，据说比较起各种数学天才、语言天才、运动天才……那隶属于世上最罕见的天才类别。他又深受詹姆斯·欣顿思想的影响，坚信为女性服务的必要性。用流行的眼光看，赞他为史上最牛的男闺蜜，不足为过。早年的霭理士迷恋比较成熟的女性，他喜欢和比他年长的女性一道，这让他能更加温柔地对待对方。少年时，他一度与姐姐建立起无话不谈的亲密关系。在一封给姐姐的信中，他坦承，当我们以为自己无比正确的时候，我们往往大错特错。那是一个新女性崛起的时代，新女性的摩登、自由、叛逆、独立，绝丝不输当今妇女。南非女作家奥利文、支持同性恋的激进学者伊迪丝（Edith）、“计划生育”的最初倡导者玛格丽特·桑格（Margaret Sanger）等几位女权主义干将，都曾与霭理士建立起实验性的恋情、友谊或者婚姻，其间充满对“情感的深度”及“性的黑洞”的激情探索。这些先锋实验，很难用道德上的对错横加裁定。他们对于爱之信仰的酌情和无以复加的理性烈焰，锻造出无比辉煌的爱的极限运动。

其中，灵魂伴侣奥利文可能是对霭理士剖析最深刻，总结最彻底的人。从某种意义上，即便作为一个霭理士研究者，奥利文也是无可比拟的。1887 年 1 月 13 日，奥利文写道：“是的，霭理士有着奇怪保守的精神，他的悲剧在于，外人无法感受到他美好精彩的灵魂，这精彩只在你靠近他时电光火石般闪现。可以说，他是我见过的人类最高贵的灵魂。”1889 年 2 月 5 日她又写道：“他是最为纯洁高贵的灵魂之一，世人不懂得他。”也是奥利文一直鼓励霭理士不要放弃科学研究，她告诉他，他的科学才华将会救赎他的文学。在奥利文的影响下，1876 年至 1888 年间，霭理士完整记录下了自己所有的春梦。此后的 50 年间，霭理士倾听了遍布英格兰群岛、数以万计的女性们半个世纪的梦境——她们给他写信，事无巨细地交代自己梦中的细节，寻求他的破译、他的解困、他的安慰。至晚年，霭理士已拥有数目吓人的女性拥趸，“女人们无法抗拒来自于这一圣父与肉欲农牧神结合体的诱惑”〔1〕。

在 1923 年，欧洲 、美国的文艺妇女们几乎人手一册，都在狂热阅读新出炉的《生命之舞》(*The Dance of Life*)。短短一年半时间，这本薄册子为霭理士赚得 1000 英镑巨资。传记作家斯图尔特说：“今日性学著作轻而易举登上畅销榜单，霭理士功不可没。然而他自己的性心理研究并没有给他带来金钱，正如他解决众生的性问题，却无法救赎自己。真正的艺术家寻求的并非一己之得救。”〔2〕

霭理士尊崇如罗素式的自我拷打、奥古斯汀式的自我泯灭、卡萨诺瓦式的道德冒险，他在自传《我的一生》中极尽所能地不作保留与粉饰。他将坦诚记录一生的内心生活作为自己“最

---

〔1〕Phyllis Grosskurth，*Havelock Ellis*：*A Biography*（New York：Alfred A. Knopf，1980）.

〔2〕John Stewart Collis，*Havelock Ellis*：*Artist of Life—A Study of His Life and Work*（New York：William Sloane Associates，1959），p.186.

重要的工作”。某种意义上，他的同性恋妻子、他的悲剧婚姻、他的一世得失，都成为了霭理士的研究样品和文学作品。关于霭理士的婚姻，刘易斯·芒福德（Lewis Mumford）有段精彩述评：“这位性学先知，庆祝开花却忘记结果；这位专注于自我的单身汉，他的婚姻是对婚姻的否定；他节制的性生活就像拿破仑的脉搏一样缓慢。”[1]（据说拿破仑的脉搏从未超过每分钟 62 次，拿破仑声称，他还从没听到过自己的心跳。）自认为可以绝对坦诚，毫无禁忌谈论性的霭理士，对他自身的生理问题绝口不提，“他推崇罗素的坦荡，但他永远没法赶得上他”[2]。很难说，一个同性恋妻子对于丈夫霭理士而言是一场灾难，抑或，这个独特的女性对于毕生探索“性心理学”的霭理士，恰是一把打开黑洞的钥匙。“性心理学”，作为一门如入永夜，被长久压抑的、最古老又最新鲜的学问，一方面集合了祖先身上早已有之的原始问题，另一方面又需要吻合新的时代精神及与之匹配的新人类的感官比率。如此一门包罗万象，同时滞本塞源的学问之更新，所需不止是艰苦探索——它的锤炼亦如干将莫邪剑的锻造，少不了跃入火中牺牲的人肉药引。霭理士肉身献祭，供奉出他一生唯一的一次婚姻，成为了文字使命的殉道者。

在谈到人的基本需求时，奇治哥顿说“伟大之爱的沐浴莫过于——毕生浸泡在他的工作之中”。1909 年 8 月 7 日，霭理士抄

---

〔1〕Lewis Mumford, *The Condition of Man*（London: Seck &Warburg, 1944）, pp.361–362.

〔2〕Phyllis Grosskurth, *Havelock Ellis: A Biography*（New York: Alfred A. Knopf, 1980）.

下乔治·查普曼（George Chapman）的句子："我自出生起就被布置的作业已经完成。"[1]他30年的文债终于可以放下，他再也不用害怕七卷本的《性心理学》未完身先死，他感到充满深沉的欣慰——我已做完这项人类需要的，且只有我适合去做的服务，去建造世界，从唯心的内向性途径建造解放人类的精神。

作为交换的循环，霭理士在中国需要一个替身。

三

19世纪末，"案例分析"成为了调查研究中非常流行的一种实证主义方法。霭理士历史性地将案例分析推向了福柯口中的"告解室科学"。他如一个神父般，倾听他的观察者们向他告解最隐秘、最难以启齿的性经验和性心理。维系这个过程的是绝对的信念与坦白——这恰恰也是霭理士终身恪守的原则。在他之后，弗洛伊德的追随者金赛将"告解室科学"发展为一种批判性采访[2]，他从弗洛伊德那里学来了侦听技巧：从观察者的坦白中探测些微的矛盾，人们所言往往与事实相去甚远，他们甚至不知道自己正在撒谎，还自以为真诚无比。由此可窥见，霭理士与弗洛伊德对于世界及人心质地的判断，有着南辕北辙

〔1〕乔治·查普曼在其荷马赞美诗译文后记中的第一句。

〔2〕Phyllis Grosskurth, *Havelock Ellis: A Biography* (New York: Alfred A. Knopf, 1980), p.232.

的分歧：一者相信世界是建立在客观之上的诡辩，另一者则认为世界本是混沌的层层曲解。

对弗洛伊德的异想天开，霭理士始终有所保留，他认为弗洛伊德对梦的解析太过主观，并将“那些想象所有梦境都是象征，且暗含可被破译的密码的人”与“那些声称在莎士比亚著作的每一页都能找到培根影响的人”作了讽刺的类比。尽管他在晚年的每一本著作中都不忘引用弗洛伊德，这两位同时代的巨人似乎从来也没有真正同路。他们各自掘出隧道，通向人类精神和心智的隐蔽之所。用他自己的话说：弗洛伊德的方法属于地质学家，他的则属于地理学家。[1]

吊诡的是，在世界的东方，一对失和的兄弟，选择了两位心理大师不同的暗道，分别走上各自的朝圣之路。钱理群很早注意到，在周氏兄弟少年时上演的深夜编神话的游戏中，鲁迅是讲故事的主角，周作人则扮演推敲者的角色。钱老由此衍生推及兄弟二人在禀赋和使命上的分工：作为创造者的鲁迅和作为欣赏者、解释者、研究者的周作人。[2]两人趣味的差异，从二人抄书的名录上亦可管窥。鲁迅早年抄录有陆羽《茶经》三卷、陆龟蒙《耒耜经》与《五木经》花椂的谱录；周作人则爱抄《百药谱》《黑心符》，以及关于花木的《秘存花镜》等讲岁时、风物类的杂学博识的“世俗陋书”。兄弟二人玩的都是野狐禅，

〔1〕Phyllis Grosskurth，*Havelock Ellis*：*A Biography*（New York：Alfred A. Knopf，1980），pp.234–235.

〔2〕钱理群：《周作人传》，北京：北京十月文艺出版社，1990 年，第 44 页。

然遵行之法有别。关于二人对于弗洛伊德和霭理士的不同选择，英国学者苏文瑜总结道："弗洛伊德认为攻击性来自于作为自我之根源的欲望的受阻。这里，霭理斯而非弗洛伊德，才是周作人的导师：霭理斯将个人性行为抽象为一种由'自然'掌控的单纯事物，为动物和原始人所共享。"[1]鲁迅遵循弗洛伊德对世界的想象，对于梦和异想有更多的信任，同时具备更多攻击性；周作人则最终选择了"少数派"霭理士，以人类学和自然历史作为其终身攀爬的险峰。周作人最热衷的母题是"人学"，性心理学恰是他的"人学"的突破口。然而霭理士对他的影响远不止是女性观，两人最相契合处并不是他们的观点，而在于他们的性情和使命。

他们固守书斋，有着病症般的对驳杂知识的好奇。霭理士写了两百多篇评论、十多篇翻译和超过五十本书，一生致力于从最广泛的范畴研究人类——包括文学、心理学、社会学、人种学、统计学、催眠术、天才研究以及犯罪研究……尤其追求打通学科间的壁垒，使各类知识交错生长，富饶繁衍。霭理士的思想原创程度极高，他曾写道："用他人的哲学去思考，如同穿别人的旧衣服，有失尊严。"遗憾的是，他的学问过分庞杂，很多都是灵感的随机流淌，缺乏可供后人摸索攀爬的框架，至今也没有像"弗洛伊德精神分析"那样的学派

〔1〕［英］苏文瑜：《周作人：中国现代性的另类选择》，康凌译，上海：复旦大学出版社，2013年，第126页。

围绕着霭理士的《性心理学》生长起来。尽管如此，霭理士依然拥有一批顶级批评家和哲学家的严肃崇拜与批评，这其中包括：约瑟夫·伍德·克鲁奇（Joseph Wood Krutch）、伯特兰·罗素（Bertrand Russell）、门肯（H. L. Mencken）、伯纳德·德沃托（Bernard DeVoto）、罗伯特·莫斯·洛维特（Robert Morss Lovett）、奥斯卡·卡尔吉尔（Oscar Cargill）、马克·范·德伦（Mark Van Doren）、亚瑟·西蒙斯（Arthur Symons），等等。与此相仿，晚年自称“苦雨斋老人”的周作人，可说是最后的书斋“活古人”。朱光潜说周作人“历览千载书，时时见遗烈”，有如佛家的“千灯相照”[1]。研究者孙郁则很早意识到，仅仅从文学、诗学来进入周作人的美文世界是不得要领的。他的美文理念涵盖哲学、史学等各种学科，并将西方的人类学、民俗学熔于一炉。事实上，民国初兴的民俗学、性心理学、女性学、儿童学等新学科都是周作人一手肇始。其美学理念背后自有一套类似智力攀岩的打破极限的审美哲学。孙郁进一步指出它与“文以载道”及五四“启蒙”截然不同，其更多是一种向精神极限的超越，非常个人主义，其中涉及文学的平民化和贵族化的问题，80年代新京派的出现则继承了这种理念。诚如在科学领域，往往一千万人抵不上一个优秀大脑所作的贡献，在语言文学的进化史上，这些“非文非诗，然而既文既诗”的美文不顾及大众，甚至对大众的智力和情感形成冒犯。现时的这套学术话语是否

〔1〕钱理群：《周作人传》，北京：北京十月文艺出版社，1990年，第390页。

能够进入他们的世界，成为了关键性问题，霭理士在此为我们提供了一种可能性。

和萧伯纳这样最后的维多利亚时代人一样，霭理士不是理想主义者也不是道德家，他们是自然历史和世界主义的信奉者，沿袭了一套人类学、自然历史的方法来解释人类的社会生活。霭理士一生都对各种“道德标准”表现出极大的宽容，或者说极大的反叛，且从未丧失他审美的维度。他声称“我们看到，人类都强制自身在这条或那条轨道上生活……只有当我们上升到一定高度时，一切那么昭然若揭；我们所有大大小小的教条只能引领我们步步迷失”。当然，这些解放都是在文学的领域，或者说在想象的领域进行的。周作人在文章中多次提到在他身上有两个鬼——分别是“绅士鬼”与“流氓鬼”[1]。一方面，其文字情质脱不开士大夫之气，且终身没有绯闻；另一方面，在思想上对于八股、左翼、民族甚至大众，始终冒犯。和霭理士一样，他并不囚困于自己的时代。为此他们都在自己的时代获刑。然而，时代的缓刑迟迟未至。

对于他们，孤独如满月般圆满、自恰。

希腊语中“符号”（symbol）是两片桃木，类似中国的虎符，意指两个概念的分开与合并。只有当两片桃木合并使用之时，持符者才获得了解释权及活力。霭理士如楔子般插入周作人与

---

〔1〕周作人:《两个鬼的文章》，周作人《过去的工作》，石家庄：河北教育出版社，2002 年，第 88 页。

世界的关系中。作为文化符号存在的周作人，在与霭理士的重叠、共存与补充中，得到激活与重生。关于二者的比较，并非遵循时间线性逻辑，亦不是全然虚幻的妄想，它更类似一种与镜像产生的自恋关系，或一种不合时宜的移情。其由相似性、对称性、相互性引发的二元幻想，最终将形成一个大于他们二者的存在。

一个人和他的镜子跳舞，一个人和他的替身跳舞。有如在巴赫的平衡律中，荡漾起一支霭理士与周作人合作的圆舞曲，那舞步不是纯粹激情驱动的行动；当这些激情的肉身沉入海底，当戏里戏外归于死寂，它仍永恒地滑动、漂移、循环……他们交织的舞蹈，将成为一场无意义的圆满。

第一乐章

以美为教

艺术的灰烬
堆积成上帝的容颜
艺术最终充当了
最彻底的解放者

古希腊及先秦的大母神崇拜与弑母

> 在希腊，时候也是在冬春之交，在迎春的一天，有人化妆为春之神，另外有五十个扮演侍从的人。春之神代表善人，先被恶神所害，造成一段悲剧，后又复活过来，这是用以代表春去而又复来的意思。当时扮演春神的人都要身被羊皮，其用意大概在表示易于生长。英文中之 Tragedy（悲剧）原为希腊文中之 *Tragoidia*，其意义即为羊歌，后来便以此字专作悲剧解释。[1]

所有伟大的爱都要先死一次[2]，所有伟大的美也一样。悲剧由此成为一种“更高形式的欢庆”，抑或尼采眼中“人类意志的胜利”。

我们置身其中的现代文明，是两千年来不断弑父弑母的谋杀结果。在一场场文明的灾祸里，古典传统被肢解出诸多歧路和方向。不同的后嗣，在不同时期、不同追求下认领了各自的遗产。

这种文化上的选择，有些类似于丛林法则中的雄性淘汰，

---

〔1〕周作人：《性的心理》，钟叔河编订《周作人散文全集》（六），桂林：广西师范大学出版社，2009 年，第 58 页。

〔2〕参阅木心讲述，陈丹青笔录：《文学回忆录》（1989–1994），桂林：广西师范大学出版社，2013 年，第 14 页。

说到底，都在争取自己成为祖先的权利。

“在欧美的文学传统中，如果说荷马是父亲，那么萨福就是母亲，是姊妹，是情人。”[1]公元前7世纪中到前6世纪初，爱琴海累斯博斯岛上的女诗人萨福（Sappho），可谓文学史上一个残损的、魅惑般的存在。据传，她的诗作当年共九千余行，唯美率真，词句缱绻，如今仅存断简残篇，诗“虽少，但皆蔷薇也”[2]，诸如“爱摇我的心有如山风落在橡树上头……苦甜，不可抗的物”等诗句，美得惊心动魄。周作人对她的生平多有介绍：

> 她是列色波思（Lesbos）岛的人；原来住在那边的希腊人属于爱阿利亚族，文化最高，风气也最开通，女子同男人一样的受教育，可以自由交际，不像雅典的将女子关在家里，作奴隶看待，也不像斯巴达的专重体育，只期望她生育强健的子女；所以列色波思当时很多女诗人，大家时常聚会，仿佛同后来雅典的哲学家讲学一样，萨普福便是这样团体里的领袖。她的古今无比的热烈的恋爱诗，历来招了许多的误解，到了四世纪的时候，法王命令将她的诗集和别的所谓异教诗人的著作，一并烧了；因了这回热心的卫道的结

[1] 田晓菲：《“萨福”：一个欧美文学传统的生成》引言，北京：生活·读书·新知三联书店，2003年，第1页。

[2] 周作人：《希腊的小诗二》，周作人《谈龙集》，石家庄：河北教育出版社，2002年，第101页。

> 果，我们所能看见的女诗人的遗作，只剩了古代文法字典上所引用的断片，一总不过百二十则，其中略成篇章的不及什一了。[1]

西方有研究者认为，在古风时期（Archaic Period），爱情主题受到普遍排斥。独具神魂颠倒之情韵的萨福，在身后好几个世纪，后继无人，难于觅到真正的嫡传。这位和周定王同时期的诗学上不朽的女神，如同悲剧羊歌中的春神，一度死，一度毁灭，她身上有折断的文明。后人仅能从断章残篇中抚摩到文学传统里失落的母系。

事实上，在古希腊神话系统里，确有“大母神”之说，又称地母，周边围绕各色美少年，为子亦为夫。萨福，某种意义上可以被看作大母神的肉身化现形。她一生多波澜，早年在米蒂利尼政治斗争中反对僭主，去国十二年。关于她的情爱传说，一则是她曾嫁与“玫瑰红颊”的洛独劈斯（Rhodopis），后有断章《怀洛独劈斯》；另说她恋人极多，却被真爱所拒，公元前592年，她失爱法翁（Phaeon），跳崖投海。对这一传闻，周作人表示过怀疑。还有一则，是她与累斯博斯岛上众多追随她诵诗写诗的少女们亦师长、亦友伴、亦情人的关系。以至于后世“女同性恋”的英文lesbian，即源于当初她们居住的Lesbos岛[2]。

---

〔1〕周作人：《女子与其使命》，钟叔河编订《周作人散文全集》（二），桂林：广西师范大学出版社，2009年，第839页。

〔2〕刘群：《古希腊女诗人萨福在中国的译介及其影响》，《中国比较文学》2012年第4期。

萨福的诗，因其“放逸”被毁。其本能的，对美之希求，恰代表了她与神一起的工作；其淋漓的爱欲之弥足，则抒发了她与神所体验的爱情。人类向来有毁灭美的冲动，文明弑母之后，萨福成为历代艺术家灵魂的爱人，一次次在他乡转世、复活。不光是萨福热烈的追捧者邵洵美，海子也曾专门写作献诗《给萨福》；新月派的朱湘译过萨福的《女神歌》，徐志摩则译了萨福的《一个女子》。不过，萨福在中国的托生，还主要归功于周作人。

对于萨福所代表的那个“热烈地求美，求热烈地生”[1]的年代，周作人保持了终生向往。中年以后，周作人趣味枯澹，多研古猎奇，对于希腊的研究翻译成为其最重要的工作，“借希腊诗人之手，洗除原始宗教中的恐怖分子”[2]，大有译而不作的深意。

1911年周作人在《禹城日报》上首番译介诗经时代的希腊女诗人萨福，三年前他读到了英国华耳敦编《萨波诗集》，激赏其诗情文并胜，一早种下了念想。此后经年，周作人不断搜求有关萨福的书籍文论，评点萨福的生平传说，翻译萨福的断简残篇，仅20年代就大约撰写过七篇相关短文。他在上海客居期间，以周遐寿为笔名，编译出《希腊女诗人萨波》。周作人多番诚惶诚恐地表示，“译诗是要打手心的，尤其是译希腊

[1] 周作人:《新希腊与中国》,《谈虎集》，石家庄：河北教育出版社，2002年，第312页。

[2] 周作人:《我的杂学》，北京鲁迅博物馆编《苦雨斋文丛·周作人卷》，沈阳：辽宁人民出版社，2009年，第344页。

诗"，像萨福这等残篇，风韵更是难于捉摸。斯威比恩（Algernon Charles Swinburne）说，诗人必须配合着一种曲调写诗。雅典立法者梭伦（Solon）誓言自己学会萨福诗的韵律即可死去，足可见萨福诗中浑然天成的曲调节律是多么难于把握和模仿，更毋论在另一种语言中复制了。周作人不禁喟叹其诗"譬诸蝶衣之美，不能禁人手沾捉也"[1]。

借助他者的光亮，来修正中国的国民性，是鲁迅和周作人共同的志业。观其二者卷帙浩繁的译著可见，周氏兄弟不约而同，将最多精力投注在了翻译，而非写作上。1920年3月，在《域外小说集》序言中，鲁迅写道："我们在日本留学时候，有一种茫漠的希望，以为文艺可以转移性情，改造社会的，因为这意见，便自然而然的想到介绍外国新文学这一件事。"[2]根据周作人自己的回忆，"他（鲁迅）老催促我译书，我却只是沉默的消极对付，有一天他忽然愤激起来，挥起他的老拳，在我头上打了几下，便由许季茀赶来劝开了"[3]。虽说周作人在创造力上，大大输于其兄鲁迅，但他凿实是个了不起的鉴赏家，格外能体察出伟大作品的好处。加之精通希腊文，他对萨福的译介体贴入微，偶有译诗与原诗的排列顺序差别也要另作说明。译出的

---

〔1〕周作人：《艺文杂话》，陈子善、张铁荣编《周作人集外文》（上），海口：海南国际新闻出版中心，1995年，第152页。

〔2〕鲁迅：《域外小说集·序言》，《鲁迅全集》（第十卷），北京：人民文学出版社，2005年，第176页。

〔3〕周作人：《邬波尼沙陀》，周作人著、止庵校订《知堂回想录》，石家庄：河北教育出版社，2002年，第229页。

萨福的诗篇多有上古之气。有学者注意到，周氏译文中将萨福诗中的苹果译为“甘棠”，就颇有中国《诗经》时代的味道。[1]察觉到萨福和中国旧体诗之间隐秘缘分的，还有女神热烈的追慕者邵洵美。1925年邵洵美在罗马的博物馆中，生平第一次为萨福心旌摇曳——“一张壁画的残片使我惊异于希腊女诗人莎茀的神丽，辗转觅到了一部她的全诗的英译；又从她的诗格里，猜想到许多地方有和中国旧体诗形似处。”[2]翻译家水建馥则大胆地将《致阿佛罗狄忒》一诗与屈原的《云中君》相互比较映照，惊现文本间同宗同源的默契。如果说，萨福是希腊文明的大母神，诗经、楚辞则是中国文脉的母系祖先。“母神文明”这条线索一直可以上溯到先秦时期。出土文献、简帛甲金当中皆可考证“母”在中国文字中的踪影；黄河流域，临海至东夷、楚国、百越等地域，保存了母性系统的形成痕迹；道藏中亦有道家经典对母系文明的回应。

在母系源头上，中国上古文明的根器，与西方文化基础的古希腊文明相合为一。其中蕴含着原型性的精神关系与朗健整全的人性。周作人从此处出发，在大母神“爱与美”的原罪下，试图去重建“生活的艺术”和“艺术的文明”。归根到底是爱欲主导的“美的育教”，一种超越功利的艺术的统领。有如柏拉图在《会饮篇》(*Symposion*)中所记苏格拉底述女祭司狄奥提玛

〔1〕田晓菲：《“萨福”：一个欧美文学传统的生成》，北京：生活·读书·新知三联书店，2003年，第114页。

〔2〕邵洵美：《花一般的罪恶》，邵洵美《诗二十五首》，上海：上海书店，2008年，第5页。

(Diotima)之言：

> 以世上诸美为梯阶，循之上行，以求他美：自一至二，自二以至一切的美形，自美形至美行，自美行至美念，自美念以上，乃能至绝对美的概念，知何为美的精华……这是人所应为的最高的生活。从事于绝对美的冥想。
>
> 爱是最上的力，是宇宙的、道德的、宗教的。爱有两种，天上的与世间的：世间的爱希求感觉的美，天上的爱希求感觉以上的美。因为感觉的美正是超感觉或精神的美的影子。所以我们如追随影子，最后可以达到影后的实体，在忘我境界中得到神美的本身。[1]

以美为教，朗健自然。“仿佛这不是人间，却是自然如自己在说话似的”[2]，庄严地模仿“大自然的豪华与严肃”[3]，一如霭理士最爱抄引的莎士比亚的诗句：艺术本身就是自然。[4]

然而，当人类日常的智力活动远未提拔到审美高度——薄暗世界，对美清洗。

---

〔1〕周作人：《欧洲古代文学上的妇女观》，舒芜编录《女性的发现：知堂妇女论类抄》，北京：文化艺术出版社，1990年，第33页。

〔2〕周作人：《希腊之余光》，钟叔河选编《周作人文选：1898–1929》，广州：广州出版社，1995年，第533页。

〔3〕周作人：《蔼理斯的话》，舒芜编录《女性的发现：知堂妇女论类抄》，北京：文化艺术出版社，1990年，第75页。

〔4〕The art itself is nature.

萨福如维纳斯一般的残缺，是弑母，是父权文明对美的报复——恐惧这美过分强大，以至压倒庸常的秩序，破坏纲常的教条，挑战一切包容一切，甚至是无能的政府。萨福与维纳斯，分属西方大母神的神与形，子孙一早烧书禁诗，毁灭其精神，几个世纪后仍觉不甘，继而迫害其形体。

后世艺术，不再呈现整全的人类心灵，而致力于修补身体和心灵的双重残缺。自此，艺术被逼入不见天日的狭小缝隙，成为宗教的附庸与政治的装点。此等被清洗的美教，恰是周作人周身涌动的逆音。他人格的晦涩，很大程度上源于女神陨灭之后，我们失去了理解他的审美基础。和霭理士一样，周作人仍全身心地活在“一切皆为艺术”的自然世界，像一个帐篷中的阿拉伯人，此地并不久留，他来自过去，去向未来。

隐秘生活的启蒙者

古希腊人一直在为世界“提供一种如何生活的楷模，超越道德与希望”[1]。历史学家布克哈特描绘出的希腊生活的基本特征，与理想的传统图画完全相反，那是“一幅关于希腊人的消极画像……道德诡诞的基本特征与宗教相分离，与基督教的基

〔1〕雅各布·布克哈特：《希腊人和希腊文明》，王大庆译，上海：上海人民出版社，2008年，第36页。

本信仰背道而驰，与现代的私人和公共生活的道德观念完全不能相容”[1]。这幅消极的画像足以构成一个人头脑中最危险的雷区——艺术统帅人生。

五四以后，一波启蒙者在接下来的十年纷纷经历了身份上的转型：鲁迅转为一个左翼战士，刘半农转向精专学理，胡适则渐渐确立半从政半治学的人生。[2]此刻的周作人，同样面临着新的人生规划。古希腊是他心之追慕，他格外称许萨福等希腊诗人的自然放逸，赏叹希腊拟曲“妙能穿人情之微”，古希腊以浮世精神为神髓的人生观，在他看来最为适中可行。可以说，古希腊塑造了他的审美和灵魂。至晚年，他自囚于书斋，对政治社会避而不谈，深夜只有希腊神话的魂灵按响他的门铃。他找寻的灵魂就是古希腊的造物，那些召唤而来的鬼魅就是他的法典。法典之下，他还亟需一个更为具象的人生设定，而就在这时他找到了“少数派”霭理士。这位活着的大师，给他提供了人生的绝佳范本。

霭理士最初进入中国，主要被译介的是有关优生和节育问题的文章。20 年代初，由于女权斗士桑格夫人的访问，中国新文化媒介都在关注优生与节育的问题。1927 到 1937 年是民国发展的“黄金十年”，这十年间国民经济稳定增长，全社会对艺术、美、生活的要求也日日攀升。彼时朱光潜谈美学、丰子恺

---

〔1〕雅各布 · 布克哈特：《希腊人和希腊文明》，王大庆译，上海：上海人民出版社，2008 年，第 36 页。

〔2〕止庵：《周作人传》，济南：山东画报出版社，2009 年。

谈艺术的文章书籍风行一时，对蔼理士文章的译介也开始偏重于美学、两性艺术、生活艺术等方面。1927 年,《新文化》杂志连载彭兆良翻译的蔼理士文章:《视觉与性美的关系》《触觉与性美的关系》《嗅觉与性美的关系》，并连载一鸣译《跳舞的艺术》; 1931 年,《妇女杂志》发表金仲华《蔼理斯的“男与女”》; 1937 年,《书人》杂志发表顾良的《蔼理斯: 写在“生之舞”译文前面》。以上都涉及蔼理士《生命之舞》《男与女》等代表作。1934 年，潘光旦将蔼理士《性与社会》一书中的两个章节《性的教育》《性的道德》分别翻译，并分别作为单行本由上海青年协会书局出版，这为他日后翻译《性心理学》作了充足的准备。民国年间本是中国生活方式更迭的时期，新式的西化生活逐步改变了中国人的心理构造和文化体质。蔼理士的性心理学，是一门开启民智的科学，更是一门针对人生的艺术，它同每一个人都息息相关。他著作中宣扬的文明的生活方式，促使周作人、潘光旦等一批学者引进并建立了中国的性心理学学科。年轻一代由此可以抱持理性态度，将性爱、爱情与婚姻作为一门严肃学科进行探讨。

至此，时代迎来了蔼理士在东方的现身。

在知音传统下，一个人只需要打动极个别高级的心灵，拥有个把真正的知己，就可以征服一片大陆，荫泽一方水土。蔼理士的东方知音周作人，携手民国女性解放运动的一众理论先驱，在中国开启了性的科学主义与性的人文主义。周作人十分喜欢引用蔼理士的一段话:“曾经有人说瓦格纳（Wagner），在他心里有着一个禁欲家和一个好色家的本能，这两种性质在使他成大艺术家上面都是一样的重要。”[1]

艺术家身上都有苦修者和好色者的双重本能。其节制与纵情，恰如大母神圣洁处女与淫娃荡妇之两面。魔鬼乃是上帝的另一副面孔。维多利亚末期的性学大师霭理士相信，要解决宗教症结、社会矛盾、政治冲突，首先必须处理“性”的难题。“性”不止是形而下的感官运动，还可以是形而上的、类似哲学的高级形式游戏。

更重要的是，在“性”的黑洞中，集结了人类积攒几十个世纪的根本性的黑暗与谬误，而这些黑暗——需要整整一部世界宗教伦理史来加注。无论是对性的杀伐，抑或肤浅的滥用，都衍生出道德的教条、怪诞的律令、历史的借口、人性的遮蔽，继而生产出一个错误的死尸累积而成的荒谬世界。在“性”的枝头，人类得以采摘最古老又最新鲜的原罪。

用罗素·布朗（Dr. Russell Brown）教授的话说，“在性的问题上整个世界都亏欠霭理士”，他用雄辩的布道推进了“性”的现代化。如果说霭理士一生致力于将性从道德牢笼里解放出来，倒不如说，他以“性”为最本质的捷径，单刀直入借此解放人类的道德。

霭理士的追慕者周作人最热心的题目是“人”的研究，性

〔1〕周作人：《文艺与道德》，《晨报副镌》1923年6月1日；《文章的放荡》，《大公报》1935年9月8日，收入《苦竹杂记》；《〈她们〉〈高楼〉附记》，《晨报副镌》1923年4月9日。

心理学自然成为了他“人学”的突破口，以至于做梦都在思考“性的教育”这一“考题”。他推崇一位日本医生写作的《性的生活》（*Vita Sexualis*），作者在文中细数了自己6岁至21岁的性知识的经验，欲作儿子的性教育的资料，“却使官吏用警眼断定是败乱风俗而禁止了”〔1〕。这大约可以解释周作人对待子女格外自由，甚至淡漠的态度。在《谈虎集·抱犊谷通信》中他写道：“我的长女是22岁了，现在是处女非处女，我不知道，也没有知道之必要……我们把她教养成人之后，这身体就是她自己的，一切由她负责去处理，我们更不须过问。”〔2〕周作人并不反对人本性中的风流与欢爱。在情感和行为上，霭理士一生追求透明的实验，周作人则走向了绝对隐蔽的反面，一生都没有绯闻。在他的温和又无情里，蕴含着某种深沉的创作冲动。弗洛伊德将性欲归结于人的本能，认为创作的本质是艺术家不能满足自己的性欲，荣格否认了这一点，他认为创作是一种无意识的行为，来源于人内心的经验和幻觉，是先天存在。霭理士两者皆非，他将两性的拥抱与音乐和祈祷相等同。在霭理士那里，性仿自然，乃人间大道，其中有更多的神秘之美。他虽然“排斥宗教的禁欲主义，但以为禁欲亦是人性之一分子”〔3〕。所谓的节

〔1〕周作人：《森欧外博士》，舒芜编录《女性的发现：知堂妇女论类抄》，北京：文化艺术出版社，1990年，第92页。

〔2〕周作人：《谈虎集·抱犊谷通信》，钟叔河编订《周作人散文全集》（二），桂林：广西师范大学出版社，2009年，第32页。

〔3〕周作人：《蔼理斯的话》，舒芜编录《女性的发现：知堂妇女论类抄》，北京：文化艺术出版社，1990年，第75页。

制与纵情，非但不是二元对立，反而是相依相续，相辅相成，如同母神，抑或自然的一体两面。只有尊重这双重性，才是“知生活法的明智的大师”[1]。他继而写道：“一切生活是一个建设与破坏，一个取进与付出，一个永远的构成作用与分解作用的循环。要正当地生活，我们须得模仿大自然的豪华与其严肃。”[2]节制与纵情，共同构筑了模仿自然的爱的表达。霭理士和周作人都崇拜的偶像卡朋特（Edward Carpenter），曾在《爱的成年》（*Love's Coming of Age*）里写道：“性是自然界里的爱之譬喻。”[3]这，大约是关乎“性的艺术”与“自然”间关系的最好诠释。

在母神照耀下的古希腊，肉体是一座艺术的圣殿，朗健的情感中没有猥亵、羞耻的成分。重返文明中的“自然之道”，是解救母神的第一道阀门。根据古希腊历史学家普鲁塔克的记录，人们用天赋纯洁的裸体来迎神和舞蹈，用骄傲健美的裸体来战斗和竞技。当少女们练习赛跑、角力时公开地赤身裸体，然而“其间却绝看不到，也绝感不到有什么不正当的地方。这一切运动都充满着嬉戏之情，而并没有任何的春情或淫荡”[4]。霭理士大作《性心理学》第一卷的附录中，有一段摘引自诗人约翰·西

---

〔1〕周作人：《蔼理斯的话》，舒芜编录《女性的发现：知堂妇女论类抄》，北京：文化艺术出版社，1990 年，第 75 页。

〔2〕周作人：《蔼理斯的话》，舒芜编录《女性的发现：知堂妇女论类抄》，北京：文化艺术出版社，1990 年，第 75 页。

〔3〕周作人：《情诗》，舒芜编录《女性的发现：知堂妇女论类抄》，北京：文化艺术出版社，1990 年，第 299 页。

〔4〕贺绍俊、潘凯雄：《性与爱的困惑》，上海：上海文化出版社，1998 年。

蒙兹（John Addington Symonds）的关于“妾”的注解，在首次正式出版时即被删除，其中提到古罗马同性恋的合法性。古希腊甚至把同性恋看作“比异性恋更高级的一种爱情形式”[1]，可见其自由放任。艺术家多具备的“雌雄同体”的完整性，大约也可由此溯源。私人的肉体，是公共生活的起点。《爱的成年》一书中，卡朋特写道：“对于人身那种不洁的思想，如不去掉，难望世间有自由优美的公共生活。”[2]

美教的沉沦，及对自然的斩杀，都始于性的禁锢和对母神的侮辱。代表着无上繁殖力的母神，是母亲，是姊妹，是情人，她同时是捕食者和供养者，因而一体两形，充满着神性的禀慧特异与人兽合体的黑暗本能。萨福这样的“美人诗圣”却被诬为“卖淫女鬻歌妓”[3]。而据周作人考察，维纳斯在基督教文明里有更为不堪的命运：

> 查神话学维纳斯的确是爱与美的女神，但是，这爱乃是两性的爱，美亦是引起爱情的美。（德国斯妥丁教授著《希腊罗马神话》）自从大神死后，基督教把旧神招安的招安，贬斥的贬斥，维纳斯就变成了摩登伽似的“淫女”，中古的“维纳斯山”（Venusberg）的故事就是最好的证据（诃华德著《性的崇拜》）。在人身

〔1〕《简明不列颠百科全书》“同性恋”词条，北京：中国大百科全书出版社。

〔2〕周作人：《爱的成年》，舒芜编录《女性的发现：知堂妇女论类抄》，北京：文化艺术出版社，1990 年，第 128 页。

〔3〕邵洵美：《莫愁之愁》，《真美善》1929 年 3 月第 3 卷第 5 期。

上也有同样的名称。手相学里的维纳斯山系是拇指根的隆起，还没有什么，其他的一个拉丁文的“维纳斯山”却是道学先生所不道的字了。色欲称作“维纳斯事”，花柳病也叫做“维纳斯的病”，这位司美与爱的女神的名誉真是扫地以尽了。[1]

被侮辱的她们，成为了艺术本身。她们掌握了加害的绝技，同时习得了受害者的语言，持续逗引并抚慰为千年暗火所炙烤的艺术家的心灵，邀约他们为之殉情。周作人与霭理士人生中遭遇的审判和道德悲剧，很大程度上亦是出于对艺术的执迷和滥情。在霭理士抑或周作人的年代，文艺中稍有情色描写，都会被视为严重的不道德。周作人曾引霭理士的句子表达牢骚：

……这书或者是一个大哲学家所著，包含着他的最深的哲学，只要有一个猥亵的字出现在里边，这一个字便牵引了各国读者的注意。所以沙士比亚曾被当作猥亵的作家，必须经过删节，或者在现今还是被人这样看待，虽然在我们端淑的现代读者的耳朵里，觉得猥亵的文句实在极少，一总收集拢来不过只是一页罢了。[2]

---

〔1〕周作人：舒芜编录《女性的发现：知堂妇女论类抄》（导言），北京：文化艺术出版社，1990年，第24–25页。

〔2〕周作人：《猥亵论》，《晨报副镌》1923年2月1日，收入《自己的园地》。

从惠特曼、左拉到卡萨诺瓦，都是霭理士热爱的对象，这些作家都曾因作品涉“性”而饱受争议。霭理士赞赏惠特曼“将下腹部与头部胸部同样看待”。在《断言》（*Affirmation*）中，霭理士评论法国作家左拉好用粗俗的话写猥亵的事，说这正是他的一种大好处。他痛惜英国文学近二百年来，因故作高雅而失却深刻有力的表现力，嘲讽现代道学要求“我们拿尾闾骨为中心，一尺八寸的半径——在美国还要长一点——画一圆圈，禁止人们说及圈内的器官，除了那个‘打杂’的胃”[1]。对此，周作人深以为然，并付之实践，他开始收集猥琐歌谣和猥琐笑话。根据霭理士《性心理学》，呵痒与性的悦乐相近，只是生活不允许性随时发泄，剩余的力比多发散为笑乐。在霭理士的理论支持下，周作人一贯对涉“性”文学积极辩护，以争取人的解放与社会的文明。

> 从前听说辜鸿铭先生批评英文《礼记》译名的不妥当，以为“礼”不是 Rite 而是 Art，当时觉得有点乖僻，其实却是对的，不过这是指本来的礼，后来的礼仪礼教都是堕落了的东西，不足当这个称呼了。中国的礼早已丧失，只有如上文所说，还略存于茶酒之间而已。[2]

---

〔1〕周作人：《文艺与道德》，舒芜编录《女性的发现：知堂妇女论类抄》，北京：文化艺术出版社，1990 年，第 101 页。

〔2〕周作人：《生活之艺术》，最初发表于 1924 年 11 月 17 日《语丝》第一期，收入《雨天的书》。

大道既隐。霭理士在《性心理学》第六册写道："一经受了基督教底禁欲主义底洗礼以后，爱情便不再是，如同在古代一样，一种急需培养的艺术，而变为一种必须诊治的病症。"[1]原始人对性盲目崇拜，迷信"马蹄铁可以辟邪，行经的妇人也就会使酒变酸；夫妇宿田间能使五谷繁茂，男女野合也就要使年成歉收"。[2]照霭理士的解释，性的崇拜间接地使我们知道文化意义上"性"的重要；这种迷信进而转变为一种恐惧，形成凶狠的"性的礼教"及宗教上的清规戒律。[3]性，连同女子，被文化妖魔化。近代以来，科学照亮了中世纪和人们头脑中的黑暗，然而，强光同样致盲。性的信仰和性的恐惧渐渐消失，转而开启了性的滥用、性的庸常。当本应发生在最私人领域的亲昵交流微妙感知，丧失了其原本独一无二的私密性，这构成了文化对性的新一轮迫害。性的科学，某种意义上损害了性的艺术。其公共意义也因此变得世俗化、扁平化、娱乐化。周作人很早认识到简单的性开放、性解放解决不了问题。在中国，关于性的扭曲，更像是一座古老墓穴，其中有更多的文化陪葬和恶鬼冤魂。

周作人把性看成一种道德的替身，一种高级的、有趣味的信

---

〔1〕周作人：《香园》，舒芜编录《女性的发现：知堂妇女论类抄》，北京：文化艺术出版社，1990年，第46页。

〔2〕周作人：《读〈性的崇拜〉》，舒芜编录《女性的发现：知堂妇女论类抄》，北京：文化艺术出版社，1990年，第163页。

〔3〕Havelock Ellis, *Impressions and Comments* (27) (London: Constable; Boston: Houghton Mifflin, 1914).

仰。他对于节制和纵欲的态度，正如他对待革命的态度——当公众极度保守时，周作人呼吁革命；一片“左倾”时，他又主张回到书斋。他不革命，却是某种意义上的革命者；他有宗教情怀，但不是教徒，这是他的中庸之道。在霭理士的思想下，周作人的性观念，在科学、艺术与人性上达到了糅合与统一。周作人早年化名女作者，为杂志撰写诸如《妇女运动与常识》《论做鸡蛋糕》《妇女问题与东方文明等》《女学一席话》《女子与读书》等一系列妇女解放议题的文章，在《花煞》《关于闹房的通信》等篇目中表达他与世不同的观点。然而时至今日，他的呼吁没有起到丝毫作用，女性解放掉入了另一个深渊。周作人曾写道："性的事情确是一个极为纤细复杂的问题，决不能够完全解决的，正如一条险峻的山路，在黑暗里走去固然人人难免跌倒，即使在光明中也难说没有跌倒的人——不过可以免避的总免避过去了。"[1]至于光明之中的跌倒和黑暗之中的跌倒哪个更可笑，则不好说了，需看艺术家如何鉴赏。

文艺批评与道德批判

周作人对霭理士既有宏观上的认识，又有微观上的阐发。

〔1〕周作人：《森鸥外博士》，舒芜编录《女性的发现：知堂妇女论类抄》，北京：文化艺术出版社，1990年，第95页。

他自拜为私淑弟子，多次直抒对霭理士的钦佩："蔼理斯是我所最佩服的一个思想家。"[1]那些年里，周作人几乎收集了他所能找到的所有霭理士著作并认真研读。有关霭理士的文章，周作人一生写了66篇。在自述中他还写道："因为无专门，所以不求学，但喜欢读杂书，目的只是想多知道一点事情而已。所读书中，于他最有影响的是英国蔼理思的著作。"[2]种种钦佩之中，他一生都极其推崇由两性关系引申而出的"生活的艺术"。

在周作人看来，所谓生活之艺术，核心就在于禁欲与纵欲的微妙调和与取舍。[3]性之艺术，同样可用以观照生活之平衡，并由此衍生出彻底的人道精神。周作人痛感生活艺术的失传，感慨这艺术如今仅存于茶酒饮食，且失却了最重要的平衡感。"中国生活的方式现在只是两个极端，非禁欲即是纵欲，非连酒字都不准说即是浸身在酒槽里，二者互相反动，各益增长，而其结果则是同样的污糟。"[4]

霭理士继承了伊利斯哲学家希庇亚斯（Hippias）、"反语大师"柏拉图，以及澳大利亚齐特来（William James Chidley）等诡辩学者的传统，坚信生活是一门包罗万象的艺术。在他的观

〔1〕周作人:《猥亵的歌谣》,《歌谣周刊》1924年2月23日。

〔2〕周作人:《周作人自述》(1930年作，1934年末补充后收入《周作人论》)，转引自止庵《周作人传》，济南：山东画报出版社，2009年，第171页。

〔3〕周作人:《生活之艺术》，最初发表于1924年11月17日《语丝》第一期，收入《雨天的书》。

〔4〕周作人:《生活之艺术》，最初发表于1924年11月17日《语丝》第一期，收入《雨天的书》。

念里，道德也是艺术的一种。温暖和煦的外表下，他的一生都在与任何形式的道德绑架、虚伪教条相搏斗。在霭理士“天才与罪犯”的视角下，像卡萨诺瓦这样道德上饱受诟病的人物，究竟是否犯下了严重罪孽，是十分可疑的。他激赏肉体和精神潜能同样强烈的卡萨诺瓦的行动热情，这位“几乎一刻不停的谈恋爱”的18世纪最无与伦比的欧洲浪荡子，据说“爱过很多女人，但几乎没伤过任何人的心”〔1〕。作为一个彻头彻尾的艺术家，霭理士懂得如何品味他举世无双的卓越才能和人生经历，也知道如何纵容他天才般的罪孽与放肆。他从不吝啬称颂卡萨诺瓦这位“对不高雅的经历作高雅表述的炉火纯青的艺术大师”，并且以彻底的宽容和人道来看待这一切。〔2〕

在世人眼中卡萨诺瓦是一个笑话、一个纵欲狂徒，须被钉死在道德的耻辱柱上。然而，霭理士对卡萨诺瓦的评论，足以体现出他艺术家的性格和对待道德的态度。他评述道：“一个道德感更加精细之人不可能爱上如此多的女人；一个道德感更加粗糙的人又不可能给如此多的女人带来欢乐。”〔3〕认为在他身上，“我们既见不到敌人，也见不到审判庭。卡萨诺瓦既不是社会支

〔1〕哈夫洛克·霭理士：《禁忌的作用：霭理士随笔》，王青松译，上海：东方出版中心，2009年，第55页

〔2〕哈夫洛克·霭理士：《禁忌的作用：霭理士随笔》，王青松译，上海：东方出版中心，2009年，第50页

〔3〕哈夫洛克·霭理士：《禁忌的作用：霭理士随笔》，王青松译，上海：东方出版中心，2009年，第55页。

柱，也不是乐于拉倒社会支柱的道德参孙”[1]。此番论断涤荡了20世纪普遍流行的道德准则。道德，作为一种艺术而存在。在霭理士眼中，卡萨诺瓦只是选择了自由的生命阐释，至于他在世上的好运与厄运，都隶属于艺术的范畴。同样的评判，亦适用于解释周作人在世上的好运与厄运。

对于粗鄙的教条规训，霭理士和周作人更多是对它们进行美学上的否定。与此同时，霭理士“道德艺术化”的思想，为周作人提供了独特的批评视角和主题，这就是把文艺批评与道德批判联系起来。[2]他们两人都曾为同时代不合时宜的作家发起过激烈的辩护。霭理士对卡萨诺瓦最有分量的辩护之词莫过于“无论他曾冒犯过什么样的社会行为规范，卡萨诺瓦的所作所为都难以构成对自然法则的冒犯”。脆弱的人性是道德的原材料，而只有仿效自然，才可能获得某种正义的解放。这需要秉持超越人类传统法则的自然法，强调存在的整体性，用霭理士的话说就是：“若我要遵从生活的法则，我就必须放弃无数教条专断的人类的法则。”[3]卡萨诺瓦的选择，亦是周作人的选择，他们看似风马牛不相及，实则有着强大的内在共通性：信奉艺术的生活。而生活的艺术，没有人比卡萨诺瓦更为在行，那是他生命的全部选择。他的才干，原本足以让他“在任何工作中

---

〔1〕哈夫洛克·霭理士：《禁忌的作用：霭理士随笔》，王青松译，上海：东方出版中心，2009年，第56页。

〔2〕罗刚：《周作人的文艺观与西方人道主义思想》，《鲁迅研究动态》1987年第1期。

〔3〕Havelock Ellis，*The Dance of Life*（Boston：Houghton Mifflin，1923）.

扬名立万，成为受欢迎的政治家、伟大的法官、商界巨贾；也能让他在国会、法院或会计师那单调乏味、焦躁不安的辛劳中精疲力竭而死”；然而，卡萨诺瓦却一心一意选择了当下的生活，“对我们那似乎是一个粗鲁而野蛮的选择，我们带着从祖先承袭的本能，要把我们的生命消耗在寻找合情合理地生活的各种理由之中”[1]。霭理士异常笃定地说，卡萨诺瓦绝不会后悔自己的选择。他之所以如此热情高调地赞颂卡萨诺瓦，大概源于卡萨诺瓦是一个反教条的天然完美的样本，他的一切生命活动皆出于自然，不求与世苟合，这与霭理士彻底的反教条精神不谋而合。在霭理士的品评下，卡萨诺瓦高潮澎湃的一生就是最好的艺术，一场惊艳完美的舞蹈演出。

《毛诗序》云：“情动于中而形于言，言之不足，故嗟叹之；嗟叹之不足，故咏歌之；咏歌之不足，不知手之舞之，足之蹈之也。”言辞、嗟叹、歌咏、肢体皆是精神生命的外在象征，是人体被延伸出来的感官能力。它们像生长在意识系统里的植物，表达了大地的品性，符号是这种意识系统有限的承载体。《毛诗序》中关于这些不同表达的品级，遥相呼应了霭理士将舞蹈尊为精神生命至高象征的领悟，也切中了他晚年写作的《生命之舞》的主题。作为美之代表的舞蹈，是“宗教也是爱的原始表现”。相较于他之前的皇皇巨著，这一册薄薄的小书更像是对霭

[1] 哈夫洛克 · 霭理士：《禁忌的作用：霭理士随笔》，王青松译，上海：东方出版中心，2009 年，第 56 页。

理士全部生命和思想的一次萃取。书中，霭理士将全部的人类生活看作一种艺术。其用艺术统领世间的思想，与古中国和古希腊传统一脉相承——“古中国和希腊最聪明和举世公认的实践哲学家相信：整个生活，甚至连政府，都是艺术，就如同音乐和舞蹈一样。”[1]艺术不仅超越了宗教、政治，甚至成为了一切宗教政治生活的母体，那是大母神的世界——这个世界对于艺术，永远没有拒绝。是艺术养育了一切。

古中国高妙精深的思想，如美人般诱惑着霭理士，他注意到“老子属于个人主义和神秘主义者，他不重视一般意义的道德，他认为行为只能由表及里的进行”。霭理士赞同道家学说中的无用之用——“我们许多行为中的道德价值恰恰在于其无意于任何道德价值。”[2]道家的无为思想，承接起了古老辉煌的“巫的文明”，在这个母性谱系下，《道德经》甚至可以被看作母神文明集体智慧的最高总结。其超功利的美学，亦和希腊母神超拔的智慧相通，强调在游戏里繁衍伟大的艺术和哲学。霭理士对生命采取的就是希腊人的态度，他喜欢纯粹的语调、形式、和色彩。[3]这位博物学家，一生精通英语、德语、法语、意大利语、西班牙语，他关于左拉、尼采、卡萨诺瓦、人口问题、优生学、欧洲天才、舞蹈艺术、社会主义、变性技术、催眠术、妖术史等天花乱坠的

---

〔1〕蔼理斯：《生命之舞》，徐钟珏、蒋明译，北京：生活·读书·新知三联书店，1989年。

〔2〕哈夫洛克·霭理士：《禁忌的作用：霭理士随笔》，王青松译，上海：东方出版中心，2009年，第61页。

〔3〕Carew Dudley，“Belles-Letters”，in *London Mercury*，XIV，Aug 1926，pp.440–442.

研究，某种意义上都是源于非功利的好奇和精致的淘气。

沉溺于世界的童年，母神文明滋养下的周作人和霭理士，是两个彻头彻尾的审美主义者。在历史遥远的目光下，此时此地不符道德、习俗、纲章、惯例的叛逆，在彼时彼地则可能是被接受甚至被称颂的道德。孙郁先生指出，周作人从古希腊汲取了超功利的思想，其超越了国家、民族、法律和一般的道德，最后与世难容。这一点逆俗之音，受到了左翼的批判和自由文人的欣赏。周作人喜欢礼赞希腊人，在《希腊人的好学》一文中，他转述柏拉图的话："好学是希腊人的特性，正如好货是斐尼基人与埃及人的特性一样。"[1]所谓"好学亦不甚难，难在那样的超越利害，纯粹求知而非实用"[2]，希腊人崇尚的独立的艺术美与无形的功利，才是周作人心目中祛除国民消沉积弱的性格弊端，以及建立"健全的生活"的必要法门。然而，他深知"明其道不计其功的学风，未始不是好事，对于国家教育大政方针未必能有补救，在个人不妨当做寂寞的路试去走走耳"[3]。在这条寂寞之路上，周作人俯拾希腊、印度与日本的学问，一度把救国比作"北大的干路"，把读书称为"北大的支路"，有意与左翼相对立。和鲁迅、胡适不同，周作人的活法儿跟古希腊

〔1〕周作人：《希腊人的好学》，北京鲁迅博物馆编《苦雨斋文丛·周作人卷》，沈阳：辽宁人民出版社，2009 年，第 42 页。

〔2〕周作人：《希腊人的好学》，北京鲁迅博物馆编《苦雨斋文丛·周作人卷》，沈阳：辽宁人民出版社，2009 年，第 43 页。

〔3〕周作人：《希腊人的好学》，北京鲁迅博物馆编《苦雨斋文丛·周作人卷》，沈阳：辽宁人民出版社，2009 年，第 43 页。

人很像，视文学艺术为一种游戏。他激进的尚古，既包含了对新文化运动的全面反思，同时亦是非常私人的感情。

全部的人类生活都是一场艺术。然而，个体的生活真的是艺术吗？

路吉阿诺斯及“三盏明灯”的非圣与中庸

英国文人哈兹里特（William Hazlitt）开玩笑说：“书同女人不一样，不会老了就不行。”[1]周作人觉得古希腊的书大抵如此，“老而不老”。从过去到未来，对于当下永恒保持着解释力和共时性，就像雪莱所言：“我们都是希腊人，我们的法律、文学、宗教、艺术，全都可以在希腊人那里找到它们的根。”[2]

周作人在晚年成为了地道的翻译家。除了写回忆鲁迅的文章，给香港报刊写稿以外，几乎难有创作的空间。但翻译就是他的创作。周作人自言，这种忘我的创作与音乐之悦乐，几乎有宗教的高尚意义。他残余的文学野心之一，就是拿出勤学二十多年的希腊文这门屠龙之技，来译介一些古希腊作品。自民国二十年起，周作人译介希腊文字总计约百万言。他翻译过古希腊的诗歌、拟曲、神话、寓言、喜剧、悲剧、对话诸

---

〔1〕岂明：《江斋随笔四 · 古希腊拟曲》，1930 年 9 月 15 日《骆驼草》第 19 期。

〔2〕雪莱：《希腊颂 · 序幕篇》，转引自理查德 · 詹金斯主编《罗马的遗产》，上海：上海人民出版社，2016 年，第 26 页。

种，然而，其主要译介兴趣却集中在边缘化的题材上。有学者注意到，古希腊文学资源浩繁，尤以史诗、悲剧为正宗，周氏所译的却多是小诗、拟曲、对话、神话记载等。[1]他译介过的作者包括柏拉图、西蒙尼台斯（Simonides）、美勒亚格罗思（Meleagros）、诺西斯（Noseis）、格吕孔（Glukon）、阿伽谛亚思（Agathias）、路吉阿诺斯（Lukianos）、无名氏，等等，却独独对萨福和路吉阿诺斯最为卖力。这其中，恐怕隐藏着译者深远的用心和深刻的文化意图。他着力避开了正统文史著作，剑走偏锋钻研于拟曲、对话等视角独特的叛逆之作。正是这“逆反心理”，揭示出周作人独一无二的审美趣味及对传统的择别，将他与学界中众多古希腊学究区分开来。

面对一番血洗的文学史，周作人晚年最为看重的，恰是鲜为人知的《路吉阿诺斯对话集》。1962 年，周作人夫人病逝，而他已是步入暮年，日薄西山，听晨钟暮鼓，心如止水，不再有火性，不再有妄想。一天天独自面对“故鬼重来”的历史命题，与祖先对话，与旧鬼纠缠。生活别无他意，唯恐不能完成《路吉阿诺斯对话集》的翻译。直至使命完成，他在 1965 年 3 月 15 日的日记中写道：“《对话集》全了，凡对话 20 篇，共约计 47 万言，大功告成，炳烛之明亦殊可庆幸矣。”[2]他仍旧不放心，又在自己的遗言中叮嘱：

---

〔1〕刘季富：《试论周作人的古希腊文学研究》，《河南社会科学》2008 年 9 月。

〔2〕张菊香、张铁荣编：《周作人年谱：1885–1967》，天津：天津人民出版社，2000 年，第 917 页。

余今年已整八十岁，死无遗恨，姑留一言，以为身后治事之指针尔：死后即付火葬，或循例留骨灰，亦随便埋却。人死声消迹灭，最是理想。余一生文字无足称道，唯暮年所译希腊对话，是五十年来的心愿，识者当自知之。（但是阿波多洛斯的神话译本，高阁十馀年尚未能出板，则亦是幻想罢了。）

以前曾作遗嘱数次。今日重作一通，殆是定本矣。

1965.4.26 作 / 未刊稿[1]

周作人的思想并非一座高峰，而是一整片高原，每座山峰都对阅读者造成了门槛和挑战。读者不小心就会淹没在“文抄公”浩如烟海的文字中，迷失于他广阔的思想矿山。路吉阿诺斯这座孤峰，承载了周作人最后的希望，也是阅读和研究周作人时最难攀爬的险峰之一。周作人在日本留学时读到这部对话录，晚年呕心沥血将其翻译。孙郁先生认为，路吉阿诺斯构成了周作人哲学思想的底色，成为其世界很重要的支点。理解了路吉阿诺斯，就真正理解了周作人。这部佶屈聱牙的古希腊对话录，在汉语世界并没有什么知名度。路吉阿诺斯，又译为卢安奇、琉善，是罗马时期的一位讽刺作家，商务印书馆曾出版过《琉善哲学文选》。周作人按照古希腊语的发音翻译了他的名字。此人是手工业者家庭出身，精通雄辩术和修辞学，是知

〔1〕钟叔河选编：《周作人文选：1945–1966》，广州：广州出版社，1996 年，第 567 页。

名的演说家。他所身处的时代，古罗马已经走向没落，基督教刚刚兴起。他抨击苏格拉底与柏拉图，认同赫拉克利特、德谟克利特和伊壁鸠鲁，充满了唯物与无神论的叛逆倾向。他是古罗马时代的非主流，若生在同时代的中国，则大约全不是孔孟的信徒，会用各种毒舌讽刺老庄，说不好会倾向于墨子的思想。在《路吉阿诺斯对话集》中，他借达弥斯之口，喊出了渎神、癫狂之音——

> 提摩克勒斯：达弥斯，你神的敌对，你不曾听得宙斯的打雷么？
>
> 达弥斯：提摩克勒斯，我怎么会不听见雷声呢？但是这打雷的是不是宙斯，我想你一定要知道得更清楚……可是从克瑞忒岛来的人们却告诉我们别一故事……说明宙斯不能够再打雷，因为他是久已死去了。

宙斯死了。这是路吉阿诺斯对世间最大的讽刺和诅咒。在他笔下，古希腊的诸神不再是宇宙的主宰和雷霆的掌管者，而是普通的、低俗的，甚至戏谑的人。两千年以后，尼采高呼：上帝死了。而在两千年前，路吉阿诺斯早已宣判神的死亡。

母神既毁，男神已役，“人”的精神慢慢受死。“凡人如不想成为超人，便要化为末人。”〔1〕路吉阿诺斯在古罗马时期还坚

〔1〕周作人：《贵族的与平民的》，李伏虎选编《绅士与流氓的拼搏：周作人杂文代表作品选》，兰州：甘肃人民出版社，1998 年，第 151 页。

持使用希腊语写作，其中包含了他对母神文明所有倔强的乡愁。想用古典的方式返回古典，往往会借由更多的暴力因素。杀神复仇的路吉阿诺斯，怀抱着对往昔辉煌景象的肯定与向往，用癫狂暴烈的呓语深情，挑衅了人们审美的底线和道德的底线，打破了人间禁忌。毕竟，所有真正的返乡都是在重建新的故乡。

根据周作人的描述，“在十世纪时苏伊达斯所编的大辞典里，说卢奇安末年是被群犬咬死的，算是他一生非圣无法的报应”[1]。所谓“非圣无法”，即否定圣人，目无法统，乃是周作人对路吉阿诺斯切中要害的概括。此词在历史上也曾风靡一时，它是乾隆时代文字狱的常用语。清乾隆皇帝御批王充的《论衡》为：“刺孟而问孔”“已有非圣无法之诛”。纪陶在《四库全书总目提要》中称李贽的书“狂悖乖谬，非圣无法”。《四库全书总目》同样评点李贽：“非圣无法，敢为异论”“其人可诛，其书可毁”。无巧不巧，与路吉阿诺斯一同顶着“非圣无法”帽子的王充、李贽二人，正是周作人一生推崇的中国古典三盏明灯中的前两盏，第三盏俞正燮则更为极端。这几位周作人最热爱的思想家，对世界对人生都是一副全然没有限度的姿态。

路吉阿诺斯的散文集，著作年代大约在公元1世纪，差不多是中国的东汉，与思想家王充属同一时期。王充曾被作为无神论“评法批儒”的第一人。他师从班彪，却另辟蹊径，写出了《论

［1］周作人：《关于卢奇安》，周作人译《卢奇安对话集》，北京：人民文学出版社，1991年，第3页。

衡》，他的小师妹班昭写出了《女诫》。王充学无常师，不守章句之学，格外关注现实，将读书人分成了四个等级："儒生""通人""文人""鸿儒"。汉儒们搞了很多神话孔子的离奇传说，王充一律否定，但他并不否定孔子本人。他还大肆批判《孟子》中充满了违心和反常识的话，称孟子一再表彰自己不慕名利，但却四处游说，过度夸大"仁政"。[1]周作人本人对于"圣书"也多有警惕。1934年，周作人读到了霭理士的《我的告解》，就曾谈到霭理士对于"圣书"的观念。霭理士反对将古代典籍过早地教给儿童，如莎士比亚、弥尔顿等，取而代之的是让孩子去读童话和博物书。周作人回忆儿时启蒙读的《鉴略》，十一岁到三味书屋读"上中"，即《中庸》的上半部，每天上午背上书，读生书六十遍，写字；下午读书六十遍，傍晚不对课，讲唐诗一首。在十三岁的年底，就读完了《论》《孟》《诗》《易》及《书经》的一部分。而《礼记》《春秋》《左传》是自己读的。十四岁时跟着点过翰林的祖父在杭州，学做八股文试帖诗，读《纲鉴易知录》，抄写《诗韵》，再往后则看小说去了。《论语》中生活的哲理，《孟子》中论政关心时事的精神，《诗经》中风雅的情趣，周作人都学会了。而《礼记》中的典章制度他似乎不大感兴趣，《春秋》《左传》中的政治军事更没学好。他对严肃的道学派和风流的才子派兴致寥寥，反倒钟情于一些文化的叛徒，推崇之作"多不出于有名的文人学士的著述之中，却都在那些悃愊无华的学究们的书

〔1〕王充：《论衡·谈天》，长沙：岳麓书社，2006年，第4页。

里”[1]。从王阳明到李贽，是一条古典的异脉。相比朱熹理论的条框与刻板，王阳明更符合明代士人的特点，他的弟子有冀元亨、王龙溪、钱德洪等，最著名的是王艮，号心斋。若深究周作人的思想，则王艮开创的泰州学派是很大的来源。王艮原本是一个盐丁，最初投奔王阳明仅为谋生。他为人狂放，热衷谈论学术，为表心迹“制着深衣、戴五常冠、执笏板、乘蒲轮车”，一个明朝人，打扮成周朝人的模样，笏板上写了“非礼勿视，非礼勿听，非礼勿言，非礼勿动”，认为自己的学问是“伏羲、神农、黄帝、尧、舜、禹、汤、文、武、周公、孔子”一路嫡传。王艮的学说一反传统，他认为“即事是学，即事是道”“百姓日用即道”，这一点对周作人“人的文学”影响极大。阳明心学被认为是异端，而王艮所开创的泰州学派乃是异端中的异端。与此同时，王艮颇有趣味主义精神。他有首《乐学歌》：“乐是乐此学，学是学此乐。不乐不是学，不学不是乐。乐便然后学，学便然后乐。乐是学，学是乐……”其趣味影响了袁宏道等人的性灵小品以及周作人的审美格调。周作人抓住的正是东西方最性灵的东西。王艮的思想传人很多，如王东崖、颜钧、管东溟、何心隐、罗汝芳等，泰州学派几经发展，终于传到了李贽。这一脉被称为“左派王学”。在《明儒学案》中，从王艮到李贽这一脉从不被看重。周作人对于文化非正宗的别择法，某种意义上正是传统文化结构内部的自我

---

〔1〕周作人：《俞理初的诙谐》，北京鲁迅博物馆编《苦雨斋文丛·周作人卷》，沈阳：辽宁人民出版社，2009年，第218页。

调整。

王艮的再传弟子李贽，亦是一位文化狂人，他一度剃发出家，仍饮酒食肉，并与一寡居的尼姑梅氏探讨佛理。梅氏对他以师相称，他称梅氏为观音，所著的书叫《观音问》，已突破了当时人的底线。李贽受泰州学派罗汝芳的“赤子之心”的影响，提出了“童心说”，反对儒家的绝对真理与偶像化，认为童心即是“真心”，是“最初一念之本心”。童心说即由泰州学派、禅宗思想、道家思想等杂糅而来。李贽由此彻底更改了“礼”的定义，“由不学、不虑、不思、不勉、不识、不知而至者谓之礼，由耳目闻见，心思测度，前言往行，仿佛比拟而至者谓之非礼”。李贽的思索，绵延到公安派三袁的性灵说和汤显祖的至情论。他同时是个人性论者、人道主义者，所谓“私者，人之心也”，并由此反对子女守孝、女子守节，鼓励改嫁，为秦始皇、曹操翻案，认可武则天，为冯道辩护，提出“大道不分男女”。周作人先后发表《谈文字狱》《读初潭集》等评述李贽的文章。三盏明灯当中，周作人引用最多的是以礼教反礼教的俞正燮，他的前辈同乡蔡元培也十分钦慕俞正燮。俞正燮著有《癸巳存稿》和《癸巳类稿》，其行文举证，大多反对当下（明朝）的世俗理论，玩的多是逻辑陷阱、借古讽今。从王充到李贽再到俞正燮，周作人打捞了儒家文明中的一条非主流的异端学脉。他在《中国的国民思想》中写道，儒家思想最重要的一点就是“利人”。周作人反对宣扬或贬低国粹，他反对“复古”的对象是封建正统的政教。周作人一生多次提及自己身上有一个“绅士鬼”

和一个“流氓鬼”。他不满足中国文艺中“赏玩”与“怨恨”的两个倾向，对八股韵律予以讥讽，认为那种麻醉与抽大烟的快乐相近，竖起“人道主义的文艺”大旗，攻击“丑物”的复辟，自认“文坛中全属隔教”。[1]他认可中国传统文化的部分，则一是利人，讲仁爱，忠恕；二是实际；三是中庸。这也与他向往称道的古希腊文化中的“美之宗教”以及“中和精神”相互契合。先秦文明与古希腊文化本意有相通之处。[2]

“在我们的文明中，异议者只有两种：天真的英雄和特立独行的艺术家。两者注定都是无能为力。”[3]讲求以均衡和谐为终极之美的周作人，推崇的却尽是文化中特立独行的异议者，他自己在文字世界里亦有着天真的英雄主义，注定无能为力。然而，只有英雄才有资格嘲笑英雄主义。“中庸”与“异端”，是周作人身上的悖论所在，他必须通过类似“节制与纵情”的平衡来进行健全的调和。巧合的是，霭理士亦是历史上第一个将圣弗朗西斯（St. Francis）从现世角度，而非圣人角度研究的作家。他更关心的是圣弗朗西斯作为一个人如何平衡人格中的矛盾因素。

悖论之人，往往有其高智的复杂、难解和软弱。舒芜在这位“苦雨庵中吃茶的老僧”[4]的精神结构中搜索其附逆的精神根基，

---

〔1〕周作人：《〈苦口甘心〉自序》，周作人《苦口甘心》，石家庄：河北教育出版社，2002 年。“隔教”之惑贯穿了周作人的为人、为文。

〔2〕李赋宁、罗经国编：《欧洲文学史》（第一卷 · 希腊），北京：商务印书馆，1999 年。

〔3〕米克洛什 · 哈拉兹蒂：《天鹅绒监狱》，戴潍娜译，北京：中央编译出版社，2015 年，第 149 页。

〔4〕胡适赠周作人诗中起首两句云：“藏晖先生昨夜作一个梦，梦见苦雨庵中吃茶的老僧。”

最终找到了中国文化传统中“不撄人心”的中庸之治[1]，并将这种鲁迅毕生攻击的“不撄之治”称作“民族文化机体中的肿瘤”。然而，在周作人的关切里，“中国现在所切要的是一种新的自由与新的节制，去建造中国的新文明，也就是复兴千年前的旧文明，也就是与西方文化的基础之希腊文明相合一了”[2]。

周作人引“老而不老”的古希腊文明为中国受精，亦是希望民族获得返老还童、起死回生的机会，抵制民族内核里的腐朽。他相信古希腊人性中的香纯醇厚、结实的人道主义、朗健的艺术广度，将为礼教压制和专制驯化的故国带来复苏的能量，祛除国人委顿的心中的恶与怖，治疗“消极的衰耗的症侯”。

不论是中学还是西学，周作人欣赏的都是“非圣无法”的叛徒学者。他反对偶像崇拜，希望民智发达。50年代的时候，中国掀起了一轮又一轮的造神运动。被打入另册的周作人不能言更不敢言，他只能借路吉阿诺斯之口说，宙斯死了。

艺术创世及艺术家的殉情

19世纪之后，政治和科学取代了宗教，成为时代精神的核心。在意识形态议会大楼、自然历史博物馆中成长起来的火柱

---

〔1〕鲁迅在《摩罗诗力说》一文中指出：“中国之治，理想在不撄。”

〔2〕周作人：《生活之艺术》，本篇最初发表于1924年11月17日《语丝》第一期，收入《雨天的书》。

上的布鲁诺们，大逆不道叛变的“正教”不再是红衣主教，而是蛮横独裁的科学定律和伐诛异己的党政道德。母神养育的“异教徒”们自立神龛，供养与世相违的“生活的艺术”。

艺术解决了所有现实问题中最致命的两个：道德和性。“老辣的世界拒绝认真对待卡萨诺瓦——它将最多的藐视授予这位给它带来最大贺礼的朝圣者。”[1]艺术的灰烬堆积成上帝的容颜，艺术最终充当了最彻底的解放者。

从审美意义上而言，艺术创世亦有其合理性。然而，现代以来，人类一直在承受艺术的终结——“艺术不再是衡量好坏的标准，也不再代表先进价值观，不再能净化心灵。”随之必然到来的，是“爱的艺术”的终结，如雷·德·古尔蒙（Remy de Gourmont）所言：“酒店取代了舞蹈，而酒取代了小提琴。”关于“艺术是否曾经取代过宗教”以及“艺术是否可以取代宗教”这样的问题，一直是讨论的焦点。众神隐退。弑神的人，自己成为了神祇。这些美的创造者和真理的发明者，最终“令人类自身消失其中”[2]，匿名性退居一侧，进至个性猖獗和私欲愈深的时代。对于霭理士来说，宗教不仅意味着自由精神从偏见中解放，还意味着从自我中解放。[3]那是“美之宗教”能带来的智性生活——

〔1〕哈夫洛克·霭理士：《禁忌的作用：霭理士随笔》，王青松译，上海：东方出版中心，2009年，第59页。

〔2〕哈夫洛克·霭理士：《禁忌的作用：霭理士随笔》，王青松译，上海：东方出版中心，2009年，第152页。

〔3〕Havelock Ellis，*My Life*（London：Heinemann，1939），p.293.

意识主体充分受到他们对“法律与事例、种族与个人、原因与结果间韵律关系的，纯粹之美的爱好的指引”。[1]这同样是周作人深信的“正当的人的生活”[2]。他由此批评那些功利主义的国家主义者们，用各种手段牢笼和胁迫其信徒，认为这实在“与老鸨之教练幼妓何异！”[3]古希腊以美为教，不限定于一族一国的“大人类主义”，在他看来“正是感情与理性的调和的出产物，也就是我们所要求的人道主义的文学的基调”。[4]“人类是将要成为一个光荣的全世界兄弟行，不管那些老而且恶、年青而呆的人们的反对。”[5]正是这一全人类的“攻守同盟”思想，构成了他艺术世界和艺术人生的根本立场。他的反抗不是对抗，只是一种艺术化的博爱道义。然而博爱是危险的。普世博爱里常隐藏了极恶。正如纳粹第三帝国将审美理念与政治行动相结合酿成人间惨剧，周作人也因其艺术和行为的高度一致化，酿成了一场人生惨祸。如今对周作人命运之谜的探讨，皆是后人猜想。而这些猜想，如果不能构成对中国现代知识分子总体的命运性启示，则全无意义。至于周作人的性格、生活、行为及命运的偶然性之间是否构成关

---

〔1〕Graham Wallas，*The Great Society*：*A Psychological Analysis*（London：Macmillan Publishers），p.107.

〔2〕周作人：《新村的精神》，钟叔河编《周作人文类编 · 中国气味》，长沙：湖南文艺出版社，1998 年，第 147 页。

〔3〕周作人：《国荣与国耻》，钟叔河编订《周作人散文全集》（二），桂林：广西师范大学出版社，2009 年，第 381 页。

〔4〕周作人：《新文学的要求》，钟叔河编订《周作人散文全集》（二），桂林：广西师范大学出版社，2009 年，第 210 页。

〔5〕周作人：《女子与其使命》，钟叔河编订《周作人散文全集》（二），桂林：广西师范大学出版社，2009 年，第 839 页。

系，很难简单直接地论述，更不可拿今人的意志横加干涉。破解其政治和命运之谜，唯有以一种美学的方式去解决。站在一个时代眺望另一个时代，或许只有审美性的打量，可以还原那虚构出的真实。

用艺术去修补永恒的残缺，用艺术去填埋无尽的沟壑。对于那些活着的和死去的不肯罢休的灵魂，这是最好的来自于虚无的梳理与慰藉。就像卡萨诺瓦的晚年，最需要得到的还是来自苏格拉底、贺拉斯、塞内加和波爱修斯等哲学家的安慰[1]。

霭理士中年以后追求的“一切的艺术”和霍金的“万物理论”异曲同工。用艺术囊括世间万物，为了艺术而人生，或者人生就是艺术本身。缪斯女神有序地进行她的艺术创造，如雕刻家完成自己的作品一样。活着的人类，则被形成中的知识和他们所遭遇的一切所塑造。而艺术，作为一种升华的生命力量，塑造了生命行为本身。艺术家的人生，成为了艺术家最后的作品。周作人与霭理士，并不属于成群制造琐碎的“艺术家”——“这种人充斥于佛罗伦萨的工场”；相反，他们乃是行动中的“艺术品”——以行动实现梦，而非以创作表现行动。在这一层面上，“每一位罗斯或富兰克林都是极端的一位维特；而凡在恋爱中的人都是精神上的蒙哥 · 派克”[2]。

---

〔1〕哈夫洛克 · 霭理士：《禁忌的作用：霭理士随笔》，王青松译，上海：东方出版中心，2009年，第56页。

〔2〕蔼理斯：《生命之舞》，徐钟珏、蒋明译，北京：生活 · 读书 · 新知三联书店，1989年，第96页。

这些母神的子嗣，焚身于大自然发现者的工作与渴望。在母神被弑，艺术被逐出神界的千年之后，他们试图扯去母神身上的裹尸布。他们亦是母神的情人，遵循一条基本的失败逻辑。他们的失败，是艺术家的殉情！书斋里的反叛与拯救，究竟泄露出矛盾与软弱的气息，他们亦能敏感地觉察到这些缺点——“就像奥古斯汀和本扬以及卢梭感觉到这些缺陷一样”，其中透露出一种真正纯洁的高贵与英雄主义的天真。用周作人自己的话说，一切也实在只是“悲哀的玩具”〔1〕而已，然而，“抓住了玩具的顽童，便是一个审美家了”，可以去面对灵魂中可怕的美。

继而，认真地赞美，认真地恐惧，认真地忧虑。

创造来自于，悲剧不抛弃他们的绝望。周作人与霭理士，我们的时代已经对不住他们。恰如谭嗣同在《仁学》中喊出的“杀、爱皆不必断”——文明的仇杀、进化与返祖，大抵如此。

〔1〕周作人：《留学的回忆》，钟叔河编订《周作人散文全集》（八），桂林：广西师范大学出版社，2009年，第726页。

第二乐章

圣人与罪人合体

周作人的失语是一种疾病
他的落水是一种犯罪
告解室镂空隔板背后的霭理士
大概会听到一个哑巴深渊般的世界

一只薛定谔的历史猫

1935 年，奥地利物理学家薛定谔用猫咪做的关于“量子态叠加”的著名思想实验，描述了一个叫人心神不安的真相：粒子的某些特性无法确定，直到测量外力迫使它们作出选择。也就是说，观测干预了结局——除非进行观测，否则一切都并不真实。

那些早已分崩瓦解、支离破碎的历史时刻并没有定格，那些枯朽灵魂曾经拥有的大胆与优美、冲动与激情从未止息，虽是人与骨俱朽，犯下的错误还须千万遍重犯，功过是非直至天昏地暗都无法尘埃落定。在某种意义上，我们的每一次回望都让他们再一次复活，并重新作出自己的历史选择。

今日重揭周作人的棺盖——这和薛定谔实验中“可以是生也可以是死”的猫一样——只有揭开盖子的一瞬间，随机的粒子立即坍塌成某个本征态，不确定的世界由此分裂成不同的版本：一个版本中，原子核衰变，猫被毒死，另一个版本中猫还活着；一个历史版本中周作人成囚成鬼，另一个版本中他则成圣成仁。

作为现代中国一个无法愈合的创伤性事件，周作人的变节，同时是现代文化自身分裂出的一种结果和一个危险回应。历史的伤口，在一次次凝视中撕裂，现出它的残暴抑或妖娆。不是科幻穿越，而是周作人和霭理士两个人心理构造和思想感觉的相互发明与相互映照，创伤之中包含了二者极端的美与极端的思考。

如今我们关于时间、空间、引力、电磁等基本元素的前沿观察已彻底改变了想象世界的方式。新的科学正在修改上帝的面孔、宇宙的性格以及历史的背影。历史评论作为另一个时代的伟大娱记，大约也需要考虑一点现代科学的感受。宇宙学家马克斯·特哥马克（Max Tegmark）重提并发展了埃弗雷特（Hugh Everett）野心勃勃的量子力学“多世界”理论。而在量子历史的多世界中，我们通过参与，选择出先辈的道路。

周作人落水及謌理士贝德洛夫审判

如果一个作家半生都与刺客、监狱、政治谜案纠葛不清，身败名裂似有隐情，又始终拒绝理解，死缄其口，一说便俗，那种不可救药的浪漫气质，简直可与日本古典时期动不动就有的男女“情死”相媲美。偏执傲慢、至信至义至察至冤，同时又非常非常无情，一样的彻底，一样的不讲道理。

早年留学日本的周作人灵魂里也吸入了日本“爱与死”的艺术气息，写过不少关于“情死”的茶话。古已有之的情死，在日本通称“心中”，井原西鹤称之为“心中死”。周作人后半生的不辩解，大约也是彻底绝望于世界的窄小，如那班子痴男怨女一样，“被挟在私情与义理之间，好像是弶上的老鼠，反正是挣不脱”[1]。死也不能怎么英雄怎么超脱，于是活着就是不配

〔1〕周作人：《心中》，舒芜编录《女性的发现：知堂妇女论类抄》，北京：文化艺术出版社，1990年，第268页。

合。“一说便俗”背后是心寂、心死。

这一场大戏，当事人早已作古，或是留下青红难辨的证词。其间的角色、情节，至今还是不分明。1939 年元月，周作人在八道湾家中遇刺。彼时周作人正在和他的“四大弟子”之一，时任伪北京女子师范学院中文系教员的沈启无谈天。两名学生佯装拜见，登堂入室，后掏出手枪击中周作人左腹。射向周作人的那颗子弹，不偏不倚击中他长衣的纽扣，这枚纽扣为他挡过一劫，却同时将他送往另一个地狱。

1937 年卢沟桥事变以来，北京众多高校和学者纷纷南下躲避战乱，多方好友都曾力邀周作人一起南下。周作人出人意料地选择“一动不如一静”，留守苦雨斋闭门读书。郭沫若在《国难声中怀知堂》一文中回忆了当时的情形：这时，日本人已经开始勾引他，约他见面；日本报纸《大阪每日新闻》报道周作人“于这里，只好大概地教授关于日本的政治等等之如何这问题，渐渐便会觉得到日本去是最好的”。新闻传到大陆，文艺界就认为这是为周作人要落水吹风了。因此 1938 年春天，中华全国文艺界抗敌协会在《抗战文艺》上，茅盾、郁达夫、老舍等 18 位著名作家联名发表了《给周作人的一封公开信》[1]，劝周作人南下。这些人中郁达夫等跟周作人关系是不错的。

1938 年夏天，西南联大和中央研究院的叶公超邀请辅仁大学校长陈垣和周作人南下昆明，周作人亦以家庭拖累为由婉拒。

---

〔1〕《给周作人的一封公开信》,《抗战文艺》1938 年 5 月 4 日。

远在伦敦的胡适听说周作人出席了日本大阪每日新闻社在北京饭店正式召开的“更生中国建设应洽会”，漂洋过海寄来一梦：“藏晖先生（胡适自称）昨夜作一个梦，梦见苦雨庵中吃茶的老僧，忽然放下茶盅出门去，飘然一杖天南行。天南万里岂不大辛苦？只为智者识得重与轻。梦醒我自披衣开窗坐，谁知我此时一点相思情。”〔1〕周作人回诗：“老僧假装好吃苦茶，实在的情形还是苦雨……”〔2〕个中滋味，耐人品咂。

北平已不太平。一有事端，周作人的日本太太就叫用人摘下八道湾大宅门上的“周宅”，改换“羽太寓”的牌匾，插上日本旗，以示这是日本人住宅，求得安稳。〔3〕至“元旦刺客”事件一出，周作人愈发被推入了复杂危险的政治棋局。据周晚年在香港出版的《知堂回想录》中的自辩，刺客系日本军警指使，为的就是逼他就范。民间流传的另一个说法是，刺杀者自称“天津中日学院学生”，愤恨卖国贼，杀周作人是“锄奸”计划的一环。〔4〕“抗日锄奸团”的来源十分复杂，不少都有国民党中统或军统背景，十分敢想敢干。当时周作人虽没有当汉奸，但为防止他落水，先行斩毙。大难不死的周作人于当月 12 日出任伪北京大学图书馆馆长，次年 12 月 9 日被正式任命为“华北政

---

〔1〕周作人：《北大感旧录》，李权之主编《北大老照片》，北京：中国对外经济贸易出版社，1998 年，第 58 页。

〔2〕周作人：《北大感旧录》，李权之主编《北大老照片》，北京：中国对外经济贸易出版社，1998 年，第 58 页。

〔3〕耿传明：《周作人的最后 22 年》，北京：中国文史出版社，2005 年，第 71 页。

〔4〕张铁荣：《关于周作人遇刺未遂事件》，《鲁迅研究月刊》1993 年第 5 期。

务委员会”常委兼教育总署督办，穿梭于各类学术会议、讲习班，发表讲话、训示，冒天下文人之大不韪，摊出“以亲仁善邻”的亲日姿态。随后，他又作为汪精卫随员参加伪满洲国庆典，与陈公博、褚民谊等头面人物推杯换盏履舄交错。共事之人，虽同在衙门，却各怀鬼胎，立场暧昧。一些地下党力劝周作人出任伪职，因周作人出任总比其他人出任要来得好。而在出任伪职期间，周作人也确实照顾过一些故旧，日本人意欲逮捕陆志伟、张东荪、赵紫宸等，都被周作人出面斡旋解救。还有一说他曾营救过地下党。南京师范大学主办发行的《文教资料》1986 年 4 期发表了一组《关于周作人的史料》，里面传播了一个说法：周作人当年出任伪职，是中共北平特派其打入。一时谣诼纷起，海外甚至有人把事情夸大为中共给周作人平反，借此攻击中国的对外开放政策。[1]坊间各路传闻，如今看来大多不足为信，但其间透露出的各方势力间的微妙关系及复杂多变的国内外政治格局，均叫后人不得不以最大的审慎来掂量其中的抉择与无奈、妥协与平衡。

某种意义上，日本侵华期间，这位苦雨斋老人成为了敌营中最后的文化留守者。任职期间，周作人保全了北大的图书、仪器，也曾因发表有利中华民族的言论被日本军国主义文人斥为“特殊之文学敌人”“反动老作家”[2]。北平的教育并没有随着

---

〔1〕黄开发：《周作人研究历史与现状》，沈阳：辽宁人民出版社，2015 年，第 41 页。
〔2〕舒芜：《周作人概观》（下），《中国社会科学》1986 年第 5 期。

沦陷而奴化。关于其附逆期间的精神结构、心理纹理、行为逻辑，至今仍有诸多不明难查之处，各路当事人在50年代的政治压力下全不讲实话，后人的推演往往建立在虚伪供词之上。诚如黄开发所描述："他的附逆与前期人格表现的反差实在太大，附逆期间他也并没有真正替日本人卖命，甚至还做了一些于抗战有益的事情，过后他的'不辩解'主义为之涂上了一层扑朔迷离的神秘色彩。"〔1〕而周作人究竟何思何想，据许宝骙《周作人出任华北教育督办伪职的经过》一文，他曾对许宝骙说过一句："我现在是站在戏台上场门边看戏的看客。"〔2〕

抗战胜利之后，周作人以汉奸罪被判处有期徒刑十年，在南京监狱熬过两年牢狱之灾，后被保释先回到上海，再回到了他已不识的北平。对于附逆之罪，绝口不辩，只道是"凡大哀极乐，难写其百一，古人尚尔，况在鄙人。深恐此事一说便俗，非唯不能，抑亦以为不可者也"〔3〕。

舒芜注意到戈尔特堡曾经评价霭理士"在他里面有一个叛徒与一个隐士"〔4〕，周作人公然引以自拟："这句话说的最妙。并不是我想援霭理士自重，我希望在我的趣味之文里也还有叛徒活着。我毫不踌躇地将这册小集同样地荐于中国现代的叛徒与

〔1〕黄开发：《新时期周作人研究述评》，《文学评论》1990年第5期。

〔2〕许宝骙：《周作人出任华北教育督办伪职的经过》，《鲁迅研究动态》1987年第1期。

〔3〕周作人：《知堂杂诗抄》，长沙：岳麓书社，1987年，第37页。

〔4〕Isaac Goldberg，*Havelock Ellis：A Biographical and Critical Survey*（London：Constable，1926; NY：Simon & Shuster，1926）.

隐士们之前。”[1]

就是这位周作人反复引用的伦敦隐士，悄然在书斋里策划了一场至今仍在轰轰烈烈进行的革命。

蔼理士是英国历史上第一个写书公然为同性恋辩护的作家。在他之前，同性恋被看作“疾病”和“犯罪”，也有“男同是体内囚禁了女性灵魂”等一干歪理邪说。蔼理士通过同性恋行为在动物中广泛存在，论证了“同性恋”的自然性；他同时列举了大量同性恋伟人，包括米开朗基罗、萨福、达·芬奇、伊拉斯谟、切利尼等。[2]有意思的是，他深入细致地观察“男同”和“女同”不一样的心理生理机制。在这一点上，女同性恋妻子伊迪丝给了他独一无二的学术体验。

早年，他加入“新同志”组织（The new fellowship），成为了其“最年轻，兴许也是最狂热的成员”，并由此结识了爱德华·卡朋特，他们的友谊随后持续了四十多年。卡朋特就是一名同性恋，他在蔼理士那里找到了同性恋合理存在权利的最强力证。像周作人力挺郁达夫一样，蔼理士也曾为那个时代写“黄色小说”的哈代（Hardy）辩护。他为同性恋权利奔走，并试图干预影响当时的法律。这个纯粹的旧传统习俗的攻击者还与西蒙兹合著了一本关于同性恋的书：西蒙兹负责其中的历史溯源，包括案例整理；蔼理士则发挥他的医学功底，负责其中的医学

〔1〕周作人:《泽泻集》，石家庄：河北教育出版社，2002 年，第 1 页。

〔2〕Phyllis Grosskurth, *Havelock Ellis: A Biography* (New York: Alfred A. Knopf, 1980), p.186.

理论部分。众所周知，西蒙兹是个同性恋者，他还未等到完稿就不幸辞世，留下霭理士独自面对这本书带来的无边麻烦。

霭理士生活的大不列颠，拥有着世界上对同性恋惩罚最严酷的法律。德国和奥地利的法律向来以严厉著称，但在实际执行中较之英格兰，却被认为有着更为宽松的尺度。而热情奔放的意大利，早在1889年就废止了对同性恋的惩罚，只要其中不涉及暴力和对未成年人的侵犯，同性恋就被视作默认的合法存在。[1]然而，在守旧的大不列颠，赫赫有名的《拉布谢尔修正案》（Labouchere Amendment）正将同性恋人纷纷逼入黑暗的绝境。《性心理学》的第一部分《性倒错》，顶风作案刊发出版，散布广泛的同时，时刻有着被查禁的危险。对此，周作人在对霭理士的译介中还有过一番感慨：

> 德国大烧性书之年而霭理斯的一册本《性的心理》适出版，我觉得这是很有趣的一件事。八月十三日《独立评论》六十三期上有一篇《政府娱乐》说得很好，其中有云：因为我们的人生观是违反人生的，所以我们更加做出许多丑事情，虚伪事情，矛盾事情……霭理斯的《性的心理》第一卷出版于一八九八年，就被英国政府所禁止，后来改由美国书局出版才算没事，至一九二八年共出七卷，为世界性学上一大名著，可是大不列颠博物馆不肯收藏，在有些美国图书馆里也

[1] Phyllis Grosskurth, *Havelock Ellis: A Biography* (New York: Alfred A. Knopf, 1980), p.170.

> 都不肯借给人看，而且原书购买只限于医生和法官律师等，差不多也就成为一种禁书，至少像是一种什么毒药。这是盎格鲁撒克逊的常态罢，本来也不必大惊小怪的。但是到了今年忽然刊行了一册简本《性的心理》，是纽约一家书店的“现代思想的新方面”丛书的第一册（英国怎么样未详），价金三元，这回售买并无限制，在书名之下还题一行字云学生用本，虽然显然是说医学生，但是这书总可以公开颁布了。[1]

1898年，伦敦警察盯上一个名叫“合法性联盟”（Legitimation League）的社会组织。这个成立于1895年的社团，公开倡导反对一夫一妻制的“自由婚恋”，其间充斥着新潮自由主义者、共产主义者、素食主义者、新马尔萨斯主义者，以及大量的无政府主义者——几乎兼容并蓄了各种社会不稳定因素。在警方的一次伏击中，该组织的秘书长贝德洛夫（Bedborough）因散布“淫秽”书籍被捕。而这批“淫秽”书籍名录里，霭理士的《性心理学》第一卷赫然在列。随后，谣言四起，甚至有小道消息称霭理士也一同被捕了。事实是，霭理士并未入狱，但却因此官司缠身。后世对当时身陷重围的霭理士多多少少有振臂一呼的期待，他理应借此跳出，一改压抑狭隘的时风与人心，然而

[1] 周作人：《性的心理》，钟叔河编订《周作人散文全集》（六），桂林：广西师范大学出版社，2009年，第165页。

霭理士并没有表现出人民想象中的英雄主义，他只有在书中是一个王者、一个精神界的斗士。到了公众的视野里，他就成了那个畏缩的软弱文人，他无力也无兴趣在滚滚的乱世顺应民心，扛起大旗。这一点，在他后来对待战争的极端漠不关心的态度上表现得更为明显。"贝德洛夫审判"[1]成为了霭理士个人生活的滑铁卢。他正值盛年，还有鸿篇巨制等待书写，却一时间白了少年头，眼目昏花。经济短缺和婚姻压抑像两条毒蛇，狠狠地咬住他。

叛徒、合作者，抑或"文化种子"？

历史自有蹊跷之处。《性心理学》的第一部分《性倒错》发表之时，恰逢奥斯卡·王尔德从狱中释放。这个著名的因同性逸事获刑、被上流社会赶出的纨绔子弟出狱之后，几近孤立无援。霭理士成为了他沉默的盟友。以上历史的节点，已到达将同性恋问题置于严肃讨论的关口。在大不列颠，历史选择了霭理士和王尔德。他们沉默地携手改变僵死的文化气候，当初最为不堪的奇谈怪论，在这些先驱的推动下日益变身为今日的文化共识。2015 年，美国最高法院宣布全国婚姻平等，同性恋者

---

〔1〕指"合法性联盟"的领导者贝德洛夫因散布"淫秽"书籍被捕，霭理士受此牵连官司缠身。该事件被称为贝德洛夫审判（The Bedboroughe Trail）。参见 Phyllis Grosskurth, *Havelock Ellis: A Biography*（New York: Alfred A. Knopf, 1980）, p.191.

纷纷结婚。在古希腊和古中国，同性之爱更多是一种社会风尚。古希腊的哲人认为，那是比异性的凡尘之爱更为高尚纯粹的情感形式——一个大师与一个美少年间的爱恋，不仅创造欢愉，更承担着师说与秘传。历史常有变卦和反复，相较于同性之爱的漫长革命，我们关于“汉奸”“合作者”“民族主义”的思索挖掘还具修远兮。周作人“落水”因为文化，被“宽恕”因为文化，如今回头再去理解他，并非执着于个别非凡的个体，而是对分裂的现代文明的恶果的咀嚼。

“汉奸”的观念源于古代的胡汉相争。按古时的华夷之辨与华夏中心论，或者说，按照接受儒家文明的程度，中原为华夏，日本、高丽、越南为小华夏，满蒙皆为夷狄，而西洋皆为禽兽。在明代书籍的插图人像中，日本、高丽等地的人物还属人像，南洋诸国的人则大都画成不穿衣服、遍体黢黑、满身长毛的野人，身边往往伴有老虎、大象或丛林，几乎与猩猩、猿猴无异。子曰：“夷狄之有君，不如诸夏之亡也。”[1]韩愈在《原道》中说：“孔子之作《春秋》也，诸侯用夷狄礼，则夷狄之；进于中国，则中国之。”[2]身为章太炎的弟子，从小接受了排满思想的周氏兄弟，在他们心中，日本不论多么为敌，总是比满蒙更为亲近的。然而满蒙为中，日本是外，周作人由此必为“汉奸”无疑，他头脑中缺少现代国家和民族的观念。

---

〔1〕《论语·八佾篇》，张燕婴译注，北京：中华书局，2006年，第14页。
〔2〕《韩愈诗文选评·原道》，孙昌武注评，西安：三秦出版社，2004年，第111页。

热心于人类学的霭理士，也钟情于被基督教和现代文明破坏之前的原始生活艺术，他曾细致入微地描绘现代国家建立之前的乌托邦式的部落文明：生活在罗亚尔特群岛上的里富人本能地追求“修养美”，男人花很多时间修饰自己，女性则讲究实际。他们注重保护嗓音，个个如演说家般善于辞令，敬重老弱，将年长作为一种光荣。战争中一方有六个战士受伤，则另一方首领命令停战，他们不像现代文明人那样先制定战争规则，再用战争去破坏这些规则。征服者必须向被征服者予以赔偿，里富人相信，需要安慰的是弱者。战争结束后，所有人又一起快乐生活，不分敌我。[1]早在先秦时期，中国人头脑中也还没有植入“身份认同”和“民族国家”观念。楚国大夫伍子胥的父兄被楚平王因信谗言所杀，他由此愤而引吴兵平灭楚国，并掘楚平王棺木鞭尸三百为父兄报仇。诸侯分立的天下，此等复仇事件中倒戈者并未被扣上“楚奸”的帽子遗臭万代。民间公认的著名汉奸石敬瑭、秦桧、张弘范、洪承畴、吴三桂、李鸿章等也多有争议曲折。比如金名将张柔之子张弘范，世居河北定兴，出生时北宋已灭亡二百多年，他后来降元，顶多是认同自己是金人，而非宋人。李鸿章的“汉奸”之说更是冤枉，只有他去签约才能砍价，别人签则赔得更多。再说秦桧公案，根据邓广铭的《岳飞传》论述，高宗赵构的本意是为削减韩世忠的

〔1〕霭理斯：《生命之舞》，徐钟珏、蒋明译，北京：生活·读书·新知三联书店，1989 年，第 13–15 页。

势力，可岳飞出身行武，政治经验不足，惹得赵构灭他并让秦桧来背黑锅。周作人晚年大有为秦桧翻案的意思，其中也暗含了他自己不足为人道的屈辱与苦衷。

在秦桧问题上有独到见解的学者还有吕思勉，他的部分成果至今还未出版。民国时，南京政府曾经呈请教育部通令查禁吕思勉的《自修适用白话本国史》。周作人于 1935 年 3 月 21 日写了《岳飞与秦桧》一文，认为吕思勉的著作“在字句上不无可以商酌之处，至于意思却并不全错，至少也多有根据”〔1〕。而 1935 年 10 月 7 日和 1936 年 7 月，他又写了《谈油炸鬼》和《再谈油炸鬼》。油炸鬼在北方多是指油条，传说是人们为了出气“油炸秦桧”，由此讹误成“油炸鬼”并传至今。周作人愤恨道：“有厨怨恨，乃以面肖形炸而食之，此种民族性殊不足嘉尚。”〔2〕此番言论日后也成了他的罪状。

德语中有一个专门的词汇“zeitgeist”，即时代精神。把握一个时代的脉搏，不仅限于史实的复原，更重要的是体会那个时代特有的气息、氛围、节奏，以及存活于其中的个体的种种心态、感知与抉择。历史上，一些松散的文人团体，可能崛起为智识界的交际中心，从而塑造一代人的历史感知与灵魂质地；另一些智识圈子，则可能集体沉沦噤声，后世再难窥其“孤僻的盛况”。细察下来，周作人在沦陷时期有个独特的朋友圈

---

〔1〕周作人：《知堂小品》，西安：陕西人民出版社，1991 年，第 320 页。
〔2〕周作人：《知堂小品》，西安：陕西人民出版社，1991 年，第 373 页。

子——不是京派，不是海派，而是京海两派中有遗老文化情结的一批文人，多集中在上海沦陷区汪伪政府背景的《古今》杂志周边。《古今》是上海沦陷后出版的第一种文史类期刊，由周黎庵主编，起于1942年3月，止于1944年10月，共出57期，初为月刊，自第9期改出半月刊。

细考其主帅干将，《古今》杂志社长为朱朴（朱省斋），主力撰稿人有周黎庵（周劭）、冒广生（冒鹤亭）、瞿兑之（瞿宣颖）、徐一士、徐凌霄（二徐为兄弟）、周作人、沈启无、何挹彭、谢国桢（谢刚主）、谢兴尧（并称大谢小谢）、纪果庵（无得）、李释戡、龙沐勋（龙榆生）、吴湖帆、柳雨生（柳存仁、吴商）、文载道（金性尧）、周越然、陈乃乾、潘予且（予且）、冯和仪（苏青）、陶亢德（怡然）、张爱玲、谭正璧、黄裳等。杂志刊登了大量高质量的文史类稿件，但因汪精卫、周佛海、陈公博等众多汪伪政府高官在上面发表文章书画，后来被定性为“汉奸”杂志，撰稿人也多被贬为汉奸文人，后多身陷囹圄，不被提及。其中朱朴为汪伪政府高官，与叶恭绰、张大千、谭敬、周作人关系极好，周作人曾两次给他写对联。而周劭和金性尧原本是《鲁迅风》的作者，却与他们亲近，为此横遭厄运二十多年。而黄裳直至晚年也不承认自己与《古今》杂志有关联。周作人交往的多是这个朋友圈子里的人，某种程度上，亦是同行同止。这个相对固定的作者群几乎是论语派、京派、海派的混搭。早在林语堂主编的《宇宙风·乙刊》时期，这一团体就初具雏形。其与谢兴尧主编的《逸经》和《逸文》、金性尧主编的《文史》、苏青主编的《天地》等几乎同为一个作者群。这批人可谓个个通才，京城坊间多有掌故，文章与为人俱奇。此处存在一个哀感顽艳的困局：缘何旧派文人多成了“汉奸”，他们原本雄浑壮阔的学术生命萎缩消亡，没了传人？

中华人民共和国成立后，众多文化老人一时没了活路，被周总理安排成立了全国政协文史办公室，各级文史馆员撰写回忆文章结集出版，按月领上二百块钱。然而这批珍贵史料多有不实之嫌，材料、口供、姿态含杂时局下的无奈，遗老们对自己的经历讳莫如深，在“汉奸”问题上陷入罗生门。

在极权主义和民族主义建造的废墟之上，文化论述扮演了自由意志的锁链。就像汉娜·阿伦特在《极权主义的起源》中写的那样，不论是什么时期，不论是民众还是政府，对于文化人的“一刀切”，使得文人丧失了最为基本的原则：忠诚、真实和人性。这是历史的可悲之处。在激进而单一的思潮下，意识形态怪兽蛮横粗野地“扣帽子”，导致人们丧志了学术的真性与探究真实历史的能力。

《古今》杂志的发刊词中写道：“同人等都是些一介书生之类，一面虽是忧国伤时，可是一面却又是力不从心。说句老实话，我们除了一枝笔外简直别无可以贡献于国家社会之道。因此，我们就集合了少数志同道合之士，发起试办这小小的刊物，想在此出版界万分沉寂之时，来做一点我们所自认尚能勉为其难的工作。”[1]这话极有周作人为自己辩解的色彩，也许这些同人在创刊之初就预料到未来的厄运。在民族危机存亡时不宣传抗战，固守旧派文化，“革命时代的士大夫们”[2]终无处躲藏，无可安放。

1937年的冬天，当一名游离于时代烈焰之外的局外人，已是最不可实现的奢望。此刻，无论多么软弱与冷漠的个人，经过一番思想斗争和利益权衡，都要被迫作出种种毫无妥协余地的选择。通敌，乃是其中的一种。“完全抛开个人的好恶是滑稽可笑的……史学工作者有责任去挖掘浅层次阅读中一些由于文化所确立的道德准则（这些准则可能是当时的，也可能是现在的）而可能被忽略的模棱两可的东西。”[3]然而，周作人大约是没有资格进《贰臣传》的。他在北洋政府、国民党政府都没担任过高官，算不上臣服过不同的政权。他的潜意识中，仍然存有古代文人做门客、食客、策士、幕僚的思想，他只是做不成方孝孺罢了。1945年11月23日，国民党政府颁布了《处理汉奸案件案例》，就在两年前，周作人随伪华北政务委员会联名请辞而解职下台，继任者名叫王谟，干了两年多，也没有干什么坏事，后即被国民党政府以汉奸罪处决。相形之下，周作人被判处十年徒刑，还算是留了情面。按照《处理汉奸案件案例》，

---

〔1〕朱朴:《古今·发刊词》，1942年3月《古今》创刊号。

〔2〕参阅孙郁:《革命时代的士大夫：汪曾祺闲录》，北京：生活·读书·新知三联书店，2014年。

〔3〕卜正民:《秩序的沦陷》，潘敏译，北京：商务印书馆，2015年，第59页。

以下人员，一律视为汉奸，应厉行检举：（一）曾任伪组织简任职以上公务员，或荐任职之机关首长者（汪伪政府官员分为选任、特任、简任、荐任、委任五级）。（二）曾任伪组织特务工作者。（三）曾任前两款以外之伪组织文武职公务员，凭借敌伪势力，侵害他人，经告诉或告发者。（四）曾在敌人之军事、政治、特务或其他机关工作者。（五）曾任伪组织所属专科以上学校之校长或重要职务者。（六）曾任伪组织所属金融或实业机关首长或重要职务者。（七）曾在伪组织管辖范围内，任报馆、通讯社、杂志社、书局、出版社社长、编辑、主笔或经理，为敌伪宣传者。（八）曾在伪组织管辖范围内，主持电影制片、广播台、文化团体，为敌伪宣传者。（九）曾在伪组织新民会、协和会、伪参政会议类似机关参与重要工作者。（十）敌伪管辖范围内之文化、金融、实业、自由职业、自治或社会团体人员，凭借敌伪势力，侵害他人，经告诉或告发者。[1]如此来看，周作人的汉奸罪，也是他官高一等的缘故了。对解放战争结束后的敌伪人员，一般科长以下或军队里连长以下的都不追究，但被记入档案，始终无法逃脱历次政治运动的冲击。文人于日本占领期间，替日本人鼓吹宣传，充当笔杆子，这自然算作汉奸，在上述第七条中已有明确规定；而仅仅在沦陷区编辑、审阅、校对稿件，出版作品，从事与政治无关的文艺活动又是否算汉奸？这在今天依然意见不一，其关涉到对文艺职能的不同理念。

---

〔1〕《国民政府公报》，渝字第九一四号。

早先，日本方面递呈关于北大、北师大等大学的聘任、宴请和约稿，周作人都一一谢绝，他怕和日本人走得太近。继而，他开始为日伪教育部委员会审阅材料，每月领取车马费一百元。在周作人的心目中，这大概不算为日本人做事。此后，他观念逐级放松，接受伪职，却始终不认为在占领区从事文化教育文学艺术活动属汉奸行为。当初汪伪政府的文联也设立了各种文学奖。凡是民国时名气很大，后来突然间不再被研究提及的人物，除了部分是跟国民党过从甚密，其余很多都顶着文化汉奸分子的嫌疑。

教育水平较高的地方知名人士，是遭受道德审问的首要焦点，民众寄予他们厚望，期待这群知识精英能在抗敌事业中发挥出普通人难以企及的强大力量，况且，他们的经济条件较之普通民众更宽裕，逃离沦陷区更容易，所以当他们做出通敌选择时，通常让民众难以接受。“不认真考察当时的实际情况，而去谴责这些人贪婪和叛国，是再造他们被迫通敌的政治土壤：假定每个人都进行了抵抗，这弄错了抵抗剧本的情节。”[1]历史行为总是难以远离各种民族主义情绪的束缚、单方面的道德预审。然而，历史事件终归该回归到难以确定的偶然性之中，回到“薛定谔的猫”揭开盖子前的那一瞬间——随机的粒子还游移在不确定的世界。如同一些研究者们发现的那样，“通敌的真实经历，与英勇的抵抗者，以及设想的畏缩的通敌者相比，在

---

〔1〕卜正民:《秩序的沦陷》，潘敏译，北京：商务印书馆，2015年，第65页。

效果上更模棱两可，在实践运作中更困难”〔1〕。若以后人的道德诉求，来判别处于选择前夕的历史人物的心理动因，或以行动者难以得知的结果，来评判他们的行为本身，便很容易犯下荒唐且常见的以论代史的错误。

周作人曾在给陶亢德的信中写道：“请勿视留北诸人为李陵，却当作苏武看为宜。”〔2〕弟子废名大约最能懂得他的伤心，他在小说《莫须有先生传》中，借着主人公莫须有先生的口吻写道：“无求生以害仁最为难。不欺自己才是求生者的功课。求有益于国家民族才是求生者的功课。他只注重事功（这或者是他的错误），故他不喜欢说天下后世，倒是求有益于国家民族……孔子说：‘丘也幸，苟有过，人必知之。’知堂先生如有过，大家知道了，有什么关系呢？只求有益于国家民族。”〔3〕1946 年 11 月 16 日，首都高等法院特种刑事判决以共同通谋敌国、图谋反抗本国罪，从轻判处周作人有期徒刑 14 年，剥夺公权 10 年，全部财产除酌留家庭必须生活费外没收。1946 年 11 月 28 日，周作人上诉称自己年老，量刑过重。1947 年 12 月 19 日，最高法院将其减刑至十年，这已经是最低年限了。1949 年 7 月 4 日，周作人给中共中央领导人周恩来写了将近六千字的长信作辩解，这封信发表于 1987 年 6 月的《新文学史料》上，题名

〔1〕卜正民：《秩序的沦陷》，潘敏译，北京：商务印书馆，2015 年，第 63 页。
〔2〕周作人：“1937 年 9 月 26 日周作人致陶亢德信”，陶亢德《知堂在北平》，署名亢德，载 1937 年 11 月 1 日《宇宙风》第 50 期。
〔3〕废名：《莫须有先生传》，南京：江苏文艺出版社，2009 年，第 238 页。

为《周作人的一封信》。根据鲁迅博物馆原馆长王士菁回忆，此信转到了冯雪峰手上，但冯雪峰认为是周作人糊涂，并没有把信往上转，周恩来没有看到。之所以写信给周恩来，大概是因为周恩来在1938年武汉举行的鲁迅逝世两周年纪念会上曾说：“在血统上我也许是鲁迅先生的本家，因为都是出身浙江绍兴城的周家。”[1]1952年周恩来也对许广平说：“排起辈分来，我应该叫你婶母哩。”1969年周恩来又对周建人说：“我已查过哉，你是绍兴周氏20世孙，我是绍兴周氏21世孙，你是我长辈，我要叫你叔叔哩！”[2]至于两家是否同宗，目前学术界仍有争议。但周作人心中仍有一丝希望，认为自己保全了北大理学院的房子，收回了北大图书馆、文史研究所和北平图书馆等，做了很多实际工作。在长信中，他辩解道：“我不相信守节失节的话，只觉得做点于人有益的事总是好的，名分上的顺逆是非不能一定，譬如受国民政府的委托去做‘勘乱’的特务工作，决不能比在沦陷区维持学校更好，我的意见有些不免是偏的，不过都是老实话，但是我所顾虑到的只是学校学生一方面，单为知识阶级的利益着想，未能念及更广大的人民大众，这当然是错误，我也是承认的。与敌人合作，在中国人中间大概是很少的，虚与委蛇不能真算是合作，若是明的暗的抗争，自然更不是了。”[3]这封长信最终没有收入周作人自编文集中，他大约希望这唯一

[1] 周恩来：《在鲁迅逝世二周年纪念会上的讲词》，《鲁迅研究动态》1980年6月。
[2] 何扬鸣：《周恩来与鲁迅》，《浙江档案》1998年02期，第12页。
[3] 周作人：《周作人的一封信》，《新文学史料》1987年02期，第215页。

的辩解之词随其罪人之身，一同湮灭于无情的人间。

“反常”与“天才”的逆向辩护

对中国“国民性”的看法，周作人并不比鲁迅更为温和。兄弟二人对待青年也有着全然不同的态度。周作人并不相信“青年享有掌握真理的优先权”，认为对青年的“指导是完全无用的”，所谓“教学者如扶醉人，扶得东来西又倒”，对于鲁迅、刘半农等人热心的青年导师的职责，他完全是一种超然与大傲的冷淡。这种冷淡甚至同时体现在了他的子女教育上。虽身在象牙塔，却懒于问扶“醉人”，其疏离冷漠的背后，说到底是绝望。

1938 年至 1944 年间周作人四次引用余怀《东山谈苑》中的一则故事：倪元镇为张士信所窘辱，绝口不言，或问之，元镇曰，一说便俗。即使对周作人深怀熨帖的同情心的舒芜，都认为这是以莫测高深来自欺欺人，更毋论从不想真正理解谁的民众，以及那一班想方设法窘辱他的“正义之师”了。

“道德”与“不道德”，“真诚”或“欺骗”最终取决于衡量他们的时间标尺。“毁于时世”的周作人，高冷得不愿与时代为伍，用一个反复引用的元镇的故事拒绝时代的采访，那莫测高深背后也许不是高级骗子的选择性相信，而是他对民众智力上的不信任。过度的精英主义，令他根本不期待自己不同历史时间尺度下的道德观和民族国家观念能为庸众所理解。“盖常人者无特别稀奇古怪的宗旨，只有普通的常识，即是向来所谓人情物理，寻常对于一切事务就只公平的看去，所见故较为平正真切，但因此亦远与大多数的意见相左，有时也有反被称为怪人的可能。”[1]他寂寞独叹：“哀怨虽刻骨，旁人那得知。”[2]

对大众的深刻不信任，在霭理士身上也同样可以找到，且不同于一般的精英主义。弗洛伊德将同性恋作为一种“病理”进行研究，霭理士则更多地将其视为一种“突变”，甚至是一种“天赋”。同性恋在他那儿不仅不是低人一等的患者，而且被视为天资超出常人的独特者。霭理士早已不将他们作为弱者来维护，而是作为“特殊人才”加以保护。他的“颂歌”即便在今天看来也颇为反动。

他认为我们可以将“同性恋”和“双性恋”称作“反常”，就好像我们可以将“天才”和“罪犯”称作反常一样。“反常”乃是一种天性，与此相反，所谓的“正常”才是一种刻意的人为产物，是那些荒唐的、恶心的、犯罪的原始状态的现代异化。正常行为仅仅是那些最可怕的、令人厌恶的、本能的堕落行为的修饰形状。事实上，世上多数人一辈子都没有机会真正享受“正常”的性。他发现多数所谓“变态”性行为在动物中都能找到样本，只是人类的“洁癖”作祟才对它们皮里阳秋。此外，许多道德审判乃是出于认识上的谬误。比如，阿克顿（Acton）、

---

〔1〕周作人：《俞理初的诙谐》，北京鲁迅博物馆编《苦雨斋文丛·周作人卷》，沈阳：辽宁人民出版社，2009 年，第 220–221 页。

〔2〕周作人：《丙戌丁亥杂诗·李长吉》，周作人《知堂杂诗抄》，长沙：岳麓书社，1987 年。

费雷罗（Ferrero）、龙勃罗梭（Lombroso）、卡夫·艾宾（Krafft Ebing）、摩尔（Moll）等霭理士之前的性学专家，他们统统认为女性的性需求远低于男性。学界通过 30 年大量的调研，最终证明了这一传统观点的谬误。对女性欲望的正视是 20 世纪性学革命的一大突破。在霭理士的世界中，女性应当全然拥有官能的享受，女性是男性奏出完美音乐的美妙乐器。

某种意义上，他对于逾矩的异类和天才型的犯罪，保留了最大的宽容与赞许。吊诡的是，《性心理学》第一部《性倒错》的出版商，居然就是个胆大包天的诈骗犯。而在霭理士眼中，他却一直是一个传奇的神秘天才。这些辩论与判断，终究是人类自己的想象。霭理士所作的有关“罪犯”和“欧洲天才”的研究，说到底都是关于人类生理、心理、道德、艺术的“反常”和“极限”研究。

“人究其本质不过是一个语病”，现代中国社会则是一则巨大的语病。隔着无际时空的霭理士，站在周作人这个“语病”背后，如同那个告解室里静静聆听的精神分析师。如今，依然可以通过他的独特眼神，来解读这个沉入黑潭中的复杂背影，观看他人生的转向，辨识其中的缺口。用霭理士来触摸他，映照他，直至敞现。

周作人的失语是一种疾病，他的落水是一种犯罪。告解室镂空隔板背后的霭理士，大概会听到一个哑巴深渊般的世界。对于一生致力于保护文化濒危物种、激赏悬崖边的天才的霭理士，他也许会看到一个“哑巴的伟大”，那是卡莱尔（Thomas

Carlyle）口中“所有人和所有时代都能听到的天才的声音”。

圣人之心与隐士之路

在天使学中，每一具人体都是具化的圣书，看似脆弱微小的人体内，封印了整部圣典完整而庞大的信息甚至奥妙，非人能解，除非遇到帮助打开封印的使者。无论是基督教、伊斯兰教还是犹太教中，通过天使打开封印获得隐藏的意义，都被视为人之为人至高的使命和终极的幸福。

关于上帝、人、宇宙和神圣书写之间隐秘而精微的关联，关于诸多神迹、神启的晦暗释义，自创世之初就盘桓于文学的地平线上：作家作为神性容器，其手指不时触碰上帝存在的面纱。19 岁时，霭理士读到了詹姆斯·欣顿的《自然人生》，他反复阅读，终身受其影响。欣顿的书让他相信，所有生命是一体的，他与自然并不分立，而是彼此流动的整体。他继而发展出类似佛经中“万物一体”，宇宙乃是一个整全意识的投影等思想。19 世纪，唯物主义已然流行为一种压迫性的世界观，霭理士在其日后的大师之作《生命之舞》中对于宗教物质、宇宙、神秘主义都有一番精彩绝伦的诡辩。他的肉身对于这些观点，则有更为奇妙的殊遇与回应：“那一刻，我与非我融为一体，我的意念接通了宇宙意念，我似在光中行走，我的脚极少触及大地。我进入了一个新的世界。”

缺乏灵性修行之人大约很难理解这样殊胜的极端宗教体验。霭理士在19岁就经历了神秘主义的圣光洗礼，对于这一特殊的生命体验，他缄默了40年时间，直至中年写自传时才第一次披露。神秘主义体验有时被称作“启蒙”，有时也被称作“宇宙意识”（cosmic consciousness）。20世纪初，欧洲正流行将神秘主义与科学相结合的“长青哲学”（Perennial Philosophy），亦即所有宗教都起源于同一个基点，由此基点向着不同方向生长而来。这种尝试包罗万象的哲学思想与物理学家霍金提出的“万物理论”颇有几分异曲同工之妙，虽在不同的领域，却都强调无所不包的宇宙人格以及万事万物的相继相连相生相克，也都不免被同行耻笑为华而不实的谬论玄谈。信奉神秘主义的多神教徒霭理士，在宇宙人格、上帝创始等问题上，也受到法国哲学家高提耶（Jules de Gaultier）以及古罗马唯心主义哲学家普洛丁（Plotinus）的影响，相信“整全的圣人不时光顾这个世界，写下公正不倚的评判，凡人则小心行路，一叶障目，只能部分得见眼前的生活”。在他的写作中，常流露对于“整全人格”的追求，上帝视角不时隐现——他以上帝之眼，观看体察众生、习俗、惯例、道德……尤其是荒唐与反常。艺术于是成为最终的救赎。他同时格外迷恋古中国那些缥缈的哲学艺术作品。

30年代，作为自由主义知识分子代表的周作人，与左翼运动十分隔膜。他犀利尖刻地讽刺“载道文学”，批判一切专讲套话的“八股”“策论”“应酬文”。在狂热动荡的时代风潮之下，他保持了一个旧文人在审美上的清醒。对世事时局，不外乎一副赏玩之心。而在赏玩之外，则事不关己。这种文化审美主义的眼光，需要一个人很高的修养，是一种极端精英主义的选择；与此同时，他又把这样一种审美性的人生当作平常日子来对待，试图回归一种精致的平常。而平常的精致生活可能只存在于别人的眼光当中，诸如后人设想出的宋代士大夫的园林生活。对日常生活的审美化冲动和试图回归平常生活的态度，让周作人始终没把自己当成大师去过活。颓废的神秘主义者，往往对自身命运过度轻视。自我评价和历史评判之间的落差，构成了其人生悲剧的戏剧张力。他只是区区一介美与艺术的清教徒。然而历史对他有更高的“成圣成仁”的期待，其“落水”之后，引来世人痛心疾首惋惜一片：“周作人理应能够派作中国最后的一个处士的，众目睽睽，正可作为各节的寄托，以挽回时风，因为他在附敌以前，总算做到了‘清高’，对于各个政派或政治性的运动都并未‘同情’或‘附和’，并且还几乎都给以故意的，确实有高士之风……他作为一个‘处士’而终，正是应该了的；然而这样的‘处士’却不仅象往昔的乱世时候一样，遭逢着最晦气的命运，有如言节者所叫屈，而且人正要象一个被强辱的妇人一样替他叫屈的时候，他又说这是出于他自主，由他自己的高兴，这真够说明那堕落与颓丧的不可收拾了。”[1]舒芜认为冯雪峰的这一述评“抓住了问题的要害”，他叹道：“如果他生

---

〔1〕冯雪峰：《谈士节兼论周作人》，《冯雪峰选集 · 创作编》，北京：人民文学出版社，2003 年，第 242–243 页。

在一个比较平稳和停滞的时代，内心和外界的调协比较容易，也许他真能成为中国最后一个‘处士’。可是他恰恰生长在那样震荡和飞跃的时代，一个战士常常要不惜心灵的大裂变，方能及时调整步伐。”[1]

可惜，崇尚魏晋南北朝文人风骨的周作人，一心想走的是一条陶渊明的路。飘逸深刻，浑身静穆，泯化一切忧喜。[2]“在家如出家”[3]的周作人，倾心于颜之推“理性通达”，心地远比一般道学家宽大淡漠。舒芜对此评论道：“既要做隐士，又要使别人相信并且特别是要自己相信仍然是旧世界的反叛者，或者说，他向旧世界作战的全副武装从战场上带回来，装点在隐士的幽居之中，这就是周作人找到的安身立命之处——不，还不仅是他个人的安身立命，他还要号召一切中国现代的叛徒与隐士们一同来走这条道路。”[4]跟胡风就着《蔼理斯的时代》笔战正酣的同时[5]，周作人似乎格外珍惜他“叛徒与隐士”的精神家族，在多篇文字中予以追溯，写到中外古隐士时，下笔亦有感

[1] 舒芜：《舒芜集》（第三卷），石家庄：河北人民出版社，2001 年，第 87 页。

[2] 商金林编：《朱光潜作品新编》，北京：人民文学出版社，2009 年，第 298 页。

[3] 胡适读完周作人《五十自寿诗》后，寄《和苦茶先生打油诗》：“先生在家像出家，虽然弗着舍袈裟。能从骨董寻人味，不惯拳头打死蛇。吃肉应防嚼所友，打油莫待种芝麻。想来爱惜绍兴酒，邀客高斋吃苦茶。”此后又有《再和苦茶先生，聊自嘲也》：“老夫不出家，也不着袈裟。人间专打鬼，臂上爱蟠蛇，不敢充油默，都缘怕肉麻。能干大碗酒，不品小种茶。”参见颜振吾编《胡适研究丛录》，北京：生活·读书·新知三联书店，1989 年，第 252 页。

[4] 舒芜：《周作人概观》，长沙：湖南人民出版社，1986 年，第 61–62 页。

[5] 胡风曾写《蔼理斯的时代及其他》《蔼理斯·法郎士·时代》等文章，对周作人所欣赏霭理士的“明净的对人生社会的观照态度”进行讽刺。

应——“中国的隐逸都是社会或政治的，他有一肚子理想，却看得社会浑浊，无可实施，便只安分去做个农工，不再来多管……外国的隐逸是宗教的，这与中国的截不相同，他们独居沙漠中，绝食苦祷，或牛皮裹身，或革带鞭背，但其目的在于救济灵魂，得遂永生，故其热狂实在与在都市中指挥君民焚烧异端之大主教无以异也。”〔1〕

在一个“不知有神，也不见先知”的时代，周作人这番溯古，多少是“我不入地狱，谁入地狱”的一番壮烈的怄气。格局看似大，实则小而虚弱；态度貌似镇静自若，实则狂热激进。但不可否认，他的态度、选择和审美，是高度政治化的环境中一朵异样的花朵，一副有心栽花的肝肠寸断与孤僻痴绝。作家斯图尔特在霭理士传记开篇即写道：“大神们时不时往来于人间，世界也许没留意他们，但他们留下了自己无法抹去的印记。他们因而不朽，时时与我们同在，当我们需要治疗和救赎时，他们时刻准备出手。”〔2〕当然，作家只是凡人的突出呈现。所有的“圣战”，都局限在文字世界里轰轰烈烈。他们书写下语言，又反过来被语言所决定、所主宰、所奴役。我们在此讨论的，也更多只是语言世界和审美意义中发生的历史。

霭理士的圣人意识有一部分是由他摒除激情的自然历史方法

---

〔1〕周作人：《苦茶随笔·论语小记》，沈启无编《大学国文》，沈阳：辽宁人民出版社，2011年，第254–255页。

〔2〕John Stewart Collis，*Havelock Ellis*：*Artist of Life—A Study of His Life and Work*（New York：William Sloane Associates，1959）.

所决定的。萧伯纳（Bernard Shaw）恰恰认为，生活的一切悲剧、闹剧，都属于激情驱动的，我们对幻想出的典范的荒谬执着，那究竟是激情的幻影，而非真正的科学的自然历史。“激情”源于希腊语，原意是“上帝本色”[1]。复兴“撒旦”的霭理士，至为反动。在他眼里，革命、民族主义、道德化，都是一种自我满足、自以为是的激情。而他要做的，就是摒除激情的纷扰，以一种真正自然的科学的方法来审视历史，对待生活。秉持这套法则的周作人，晚年为文亦是“把情感隐得很深，只是史实的记录，就少了热泪盈眶与血气”[2]。他在自己文学与人生的双行道上践行着这一自然历史方法。“隐者多是带性负气之人”，晚年的周作人负气不辩解，作弄出古日本“心中死”般的大任性。

他的圣人意识，某种意义上乃是“圣人无心”。他在1925年的一篇短文《心的去向》中，借一个有历史考据癖的朋友之口，对圣人比干作了充满戏谑和反动的解构与演绎。

> 话说纣鹿台要看圣人心有七窍，把御前大臣比干开了膛摘了心。比干既是圣人，开了膛哪里就会死呢，所以他从丹墀上爬了起来，也不说一声“谢主隆恩”（因为他有点生气了），便裹上红袍，用腰带一缠，一溜烟走出午门去了。走到南夫道口的御河桥，看见一个妇人在那里洗山东大白菜呢，他就问道：“呔，你说

---

〔1〕希腊语“激情”。

〔2〕孙郁：《“这一个”周作人》，孙郁选编《周作人精选集》，北京：北京燕山出版社，2011年，第5页。

> 有心好呢，还是无心好？”她本来想说有心好，但是不知怎的福至心灵，赶紧请了一个安说道：“哎，无心也好吧……”，比干听了大悦，便把她要了去充当第几位夫人——可惜这个数目字翻遍商周之交的文献也终于查不出。比干自此以后告老在家，活到一百二十岁，留下八十二个儿子，这些人的腔子里便都是没有东西的了，传到此刻，不知道已经繁殖到若干万倍云。[1]

所谓“嚼来世事无真味，拾得功名尽有人”。无心之圣，何求理解；繁殖出的世世代代的无心子孙，大约也没了理解的兴趣与能力。这是对历史的大绝望，是不言之傲，彻底地恶搞，枯燥的周作人竟有他可怕的幽默感。管他世人再谩骂，他自有“纵银涛万丈，不到坟头青草处”的孤愤和无所谓。周作人意欲走陶渊明的路，然而时代氛围已不允许这般尊严静默的出走亡失，他由此走上了一条不归路。狂宴失落之后，唯有沉默的艺术。可是，“无归路有一个起点，必须达到这个起点”。

---

〔1〕周作人：《心的去向》，钟叔河编订《周作人散文全集》（四），桂林：广西师范大学出版社，2009 年，第 320 页。

第三乐章

无法无界

传统的嫡传者

往往最后成为时代的叛徒

他们诅咒伪文明与伪道德

诅咒智力上贫血的宗教

撒旦的复职与复兴

1915 年到 1930 年，无为的放任之风横扫美国和欧洲，奥斯卡·卡尔吉尔将霭理士看作这股潮流的主帅[1]，“他在智力上完全压垮了维多利亚主义”[2]。约翰·斯图尔特将他评价为“伍尔夫之后最伟大的英语作家”[3]，并指出霭理士致力于缓和冲突，他创造的双重性和二元论的方法，使我们最终不再需要去应对错误的自相矛盾。诸如智慧与直觉、理想主义与现实主义、古典主义与浪漫主义、自然与超自然、形而下与形而上、沉思与行动，这些现代批评家们所惯用的矛盾概念，在霭理士手中皆能水乳交融。

在 1951 年出版的《欧洲的天才》一书中，霭理士注意到，再没有什么比建筑艺术中的“拱门”，更能揭示矛盾的元素如何最终支撑起和谐的艺术：两股原本互相对立的势能彼此支持，以致达到稳定圆融，若有一方撤离，则拱门坍塌，不复存在。

“拱门哲学”或者说“矛盾哲学”是霭理士的核心逻辑。他引用最多的诗句，是威廉·布莱克（William Blake）的“天堂与地狱的联姻”。他开启了将圣弗朗西斯从现世角度而非圣人角度进行研究的革新，他更关心圣弗朗西斯作为一个人如何平衡人格中的矛盾基因。他关于欧洲浪子卡萨诺瓦的散文就是他自身的写

---

〔1〕Cargill Oscar，*Intellectual America*：*Ideas On The March*（New York：MacMillan，1948）.

〔2〕Ernest Boyd，“Readers and Writers”，in *Independent*，CXX（1928）.

〔3〕John Stewart Collis，*Havelock Ellis*：*Artist of Life—A Study of His Life and Work*（New York：William Sloane Associates，1959）.

照，他又同时摒除激情几近苦行，展示了他可以“拥抱矛盾，并且融为一体”的能力。他悲悯地抓住自身天然的矛盾意义。

此处包含一个尖锐的现实——这是一个由“撒旦”与“上帝”合力创造的世界。撒旦，作为必不可少的创世者，担负着维系神学系统生态循环的重任。“撒旦”与“上帝”，这两股看似矛盾的力量，最终共同支撑起平衡与和谐。我们对人类生活越有透彻洞察，就越能理解所谓的“道德反面”或“撒旦”在人类活动中的致命重要性。在一个日益倾斜、狭隘的话语世界中，对撒旦的复兴和复职，则如用黑暗的魔法，打开每一扇光明之眼。在《随感录》第一卷中，霭理士不惜篇幅阐释道：

> 斯坦利·霍尔（Stanley Hall）近来指出，我们在神学中削减撒旦，这对人类文明造成了多么大的损失。当撒旦变得黯淡，上帝也随之失色。他指出，撒旦不仅仅是纯粹快乐、戏剧、舞蹈、运动的守护神，撒旦还维持了上帝的强健。我们难道不应当重建撒旦，给撒旦官复原职嘛？排除神学中的伟人之一，我们阉割并还消解了正统的天主教神学。我们不可以在传统神学中不受惩罚的任性，挑剔哪些被排除哪些被保留……无论如何，仅由辉煌的创造性的、神话的美德与仁慈，无法构成复杂人类的完整的神学符号。人类不仅需要神话其道德屈从品性端正的时刻，还需要歌颂其纵欲反叛的时刻。人到达的文明高度不是其中任何一条单线，而是双线并行。我们甚至不能妄下断言

> 美德的哪条线索更重要。清教徒尼尔顿（一个参加魔鬼派对却浑然不觉的真诗人）甚至把撒旦作为他神学史诗中的英雄；苦行的乔祖埃·卡尔杜齐（Carducci）则歌颂撒旦为人类文明的创造者。若你质疑欧洲文明有些古怪越轨，那么让我们到世界的另一头漫游，举例来说，你会发现夏威夷女神卡颇（Kapo）有着双重的生活——一方面是美丽优雅的天使，另一面则是黑暗纵欲的恶魔。世界上任何深刻的观察都必须承认自然及人类拥有这同等重要不可或缺的两方面。任何重要的宗教都必须以最佳和最高贵的符号象征这两方面。贬低撒旦正如贬低上帝一样可怕。[1]

撒旦归位，霭理士七卷本的《性心理学》扰乱了一个充满敌意的世界的虚伪和谐。从早年的犯罪调研、天才研究，到之后倾其一生的性心理学探索，再到晚年的大师之作《生命之舞》中对生活的艺术化，霭理士的研究一以贯之，都集中在反常的领域，抑或——撒旦的疆界。他之所以最终选择《性心理学》作为毕生志业，大概是因为，“性”是打破禁忌和边界的头一站，也是承载传统、礼仪、道德、法律法规的富饶容器，更有着最直接的对红线的触碰和僭越。

---

〔1〕Havelock Ellis, *Impressions and Comments* (London: Constable; Boston: Houghton Mifflin, 1914).

如同勇敢的船员面对一望无际的未知大海，所有传统的、道德的界限在这神秘之力面前灰飞烟灭，同时代人眼中的变态、污秽、不合时宜，霭理士都愿赋予其金光耀祖的荣光。在温和的背后，有着至为反动的质地。

紧紧追随霭理士的周作人，同样在道德、思想、艺术，甚至种族、民族这样的雷区没有界域区隔，玩的也都是道德与智力的极限运动。在《艺术与生活·平民的文学》一文中，他表明了自己的立场："一，这文学是任性的不是兽性的，也不是神性的……二，这文学是人类的，也是个人的，却不是种族的，国家的，乡土及民族的。"〔1〕他反复引用安特莱夫（Leonid Andrejev）的文艺理论："我们的不幸，便是在大家对于别人的心灵、生命、苦痛、习惯、意向、愿望，都很少理解，而且几乎全无。我是治文学的，我之所以觉得文学的可尊，便因其最高尚的事业，是在拭去一切的界限与距离。"〔2〕唯有此，方可谈及自由；唯有此，方能获得人与人之间苦难的理解。

"人生有点恶魔性，这才使生活有些意味，正如有一点神性的同样的重要。"〔3〕周作人自身散发的重重矛盾，大约也只是厌世与乐天、勇敢与怯懦、温吞与反动、魔性与神性的微妙均衡。怎样把周作人的附逆行为统一进他复杂的人格中，这一问题困

〔1〕李晓明主编：《周作人散文》，吉林：吉林文史出版社，2002年，第12页。
〔2〕周作人：《圣书与中国文学》，张明高、范桥编《周作人散文》（第三集），北京：中国广播电视出版社，1992年，第28页。
〔3〕周作人：《北沟沿通信》，林贤治编《关于命运》，广州：花城出版社，2013年，第32页。

扰学术界多年[1]，如今大可不必再用二元对立的方法对其矛盾横加评判，辨其轻重真伪。他的存在创造出的谜团，本身即是答案，召唤着对一切界限与距离的理解。

逻辑与智力上的彻底自由解放，是一场漫长而险峻的征程。后人招魂之时，也许，他的灵魂亦如柏拉图情诗中的样子——“化身为千眼的天以回看你”。

外部世界的叛徒

1909 年，周作人与羽太信子在日本结婚。1911 年 9 月，在兄长鲁迅的督促敲打之下，周作人带着信子回到了绍兴。按照钱理群的推断，“如果不是因为母亲和大哥的催促，周作人也许就在赤羽桥边守着自己的日本夫人，这么一直过着游惰的生活，同时编织着超然于世的梦”[2]。回国之后，他依旧希望在游戏中生产伟大的艺术，一心乞愿闭门读书，然而却被政治不断地挑衅、诱惑、纠缠，陷入那些永恒的——“个人和国家之间、劳资之间，以及男女之间的冲突；物质利益的贪欲和人的精神生活之间、民族的有组织的自私自利和人类的崇高理想之间的冲

[1]“怎样把周作人的附逆行为统一进他复杂的人格中？这大概是学术界最为困惑的问题。在本时期的研究中，还没有人能为此提供令人满意的成果。”参见黄开发：《周作人研究历史与现状》，沈阳：辽宁人民出版社，2015 年，第 41 页。

[2] 钱理群：《周作人传》，北京：北京十月文艺出版社，1990 年，第 161 页。

突；同商业和国家的庞大组织不可分的一切丑恶的错综复杂的事物，与人类要求单纯、美观和完全消闲的天性之间的冲突。”[1]

华北沦陷时，周作人正“在无聊中写小文消遣”，“南方无处可归，北大至今不闻有正式办法，教授留平者尚有三十许名，正在翘首以待校长之命令也”[2]。不久，除个别年事已高或疾病缠身的老同志，最后一批滞留北平的北大教授郑天挺、陈雪屏、邱椿等人也于11月17日乘河北轮南下。根据时任校长蒋梦麟1946年8月14日在周作人审判中呈递的文件及证词，他确曾从南方驰电北平，托付孟森、冯祖荀、马裕藻及周作人四人保管北京大学校产，另每月寄津贴费五十元。而据周作人自己回忆，1938年春，日本宪兵队想占北大第二院做本部，留守事务员找到他与冯汉叔，后由他出面请伪华北临时政府议政委员长兼教育总署督办汤尔和“挡驾”，这才将北大理学院的仪器设备予以保留。[3]

枪击刺杀事件后不久，周作人接下汪精卫南京政府国立北京大学图书馆馆长的聘书，3月受认北京大学“文学院筹办员”，开学后兼任文学院院长。在周作人的观念里，既是蒋梦麟要他托管校产，自己以前也是北大教授，那么现在当个院长，只不过是调动工作罢了。这时统治北平的是日本人，管理北大的自

---

〔1〕徐学初编：《世纪档案·泰戈尔：社会理想创造人类世界》，北京：中国文史出版社，1996年，第35页。

〔2〕周作人：《致陶亢德信》，张菊香、张铁荣编《周作人年谱：1885–1967》，天津：天津人民出版社，2000年，第540页。

〔3〕周作人：《北大感旧录》（五），张明高、范桥编《周作人散文》（第三集），北京：中国广播电视出版社，1992年，第477页。

然也是日本人，谁统治北大，与自己当不当文学院院长，截然不搭界。加之地缘政治在时局中的作用，顺水推舟也促成了生活于其中的人物心态的松动和挪移。华北伪政府的要员当中，王克敏、汤尔和、王荫泰、余晋和、邵东湖都是浙江人；潘祖显、张剑初、胡铭槃、许修直等也是原籍浙江。其中，王荫泰、余晋和甚至和周作人同为绍兴老乡。

虽说出身官宦人家，周作人在做官方面根本比不得鲁迅，他出任伪职上并无作为，多数是执行汤尔和制定的方针路线。及至北平陷落，汤尔和病逝，周作人接替他出任伪华北政务委员会常委兼教育总署督办。汤尔和此人也颇值得一提，他早年留学日本和德国，是柏林大学、日本帝国大学的医学博士，1922 年后历任教育总长、内务总长、财政总长，编译校译了大量的医学书，内容涵盖内科、妇科、眼科、解剖学、病原微生物、免疫学以及精神病学等诸多方面，堪称一位博学的自然人类学家，与周作人的自然历史主义的审美趣味颇有几分相合。周作人作有《汤尔和先生》序一篇，彼时，汤尔和在他心中是纯粹之人，他的为政都是按照医生的标准来进行操作的。1942 年 11 月，周作人写下《中国的思想问题》，文中引用焦循之语，创造性地将儒家思想与人道主义结合起来，认为所谓“仁”的根本就是“人之生物的本能”。时人诟病此篇宣扬儒家思想的文章是向日本人献媚。然而，1943 年 8 月，在第二届东亚文学者代表大会上，日本作家片冈铁兵却借此攻击周作人为“反动的文坛老作家”，因文中有“不应阻碍中国人民欲望的主张，实即是对于为大东亚解放而斗争着的战争之消极的拒否”[1]。周作人两面不讨好。和同时代人不一样，他心里并没装着政府、伪政府、国民党、共产党的区隔；不懂做官，更不懂政治；没有守节的思想，认为看守校产和照顾家眷比守节更重要。爱国和爱政府，在他那里是截然不同的两码事。在《排日》一文中，周作人表示“我不是国家主义者。我对于普通外交上的纠纷大抵不很能够明了其真相。我听了两方面似乎都言之成理的话时常苦于取舍，不知是哪一边对的，我并不一定觉得本国是不错的”[2]。不谋而合的是，霭理士的诸多朋友在文字记载中都曾写道，霭理士一生从未行使过投票权。他对政治、战争都显现出异常冷漠的态度。1906 年他给佩里－科斯特（Perry–Coste）的信件中写道：“我不参与政治。这两个党派都是一码事。”

国难鼎沸之时，北平各大院校屡遭日军搜查骚扰；教员学生遭遇侦讯迫害，被迫停课；抓捕、拷打事件随处可闻。周作人泰山压顶而不动，依旧闭门读书。学者钱理群注意到，周作人在 1937 年 9 月所写的《俞理初的诙谐》一文透露了其无动于衷的心境：“近来无事可为，重阅所收的清朝笔记，这一个月中间差不多检查了二十几种共四百余卷……”[3]乱象丛生的世界

〔1〕王美春：《从“先驱”到“附逆”：周作人思想、文化心态衍变研究》，成都：四川大学出版社，第 133 页。

〔2〕周作人：《排日》，钟叔河编订《周作人散文全集》（四），桂林：广西师范大学出版社，2009 年，第 531 页。

〔3〕周作人：《俞理初的诙谐》，北京鲁迅博物馆编《苦雨斋文丛·周作人卷》，沈阳：辽宁人民出版社，2009 年，第 218 页。

里，周作人用他的杂学建造起一座堡垒，且“这个堡垒是非常坚固的。在这内外分开了两个截然不同的世界，他就躲在这个坚硬的壳里做着安然的白日好梦”[1]。这位“莫须有先生”，“最不屑为的是一个‘俗’字，他不跟着我们一齐逃了，他真有高士洗耳的精神，他要躲入他的理智的深山，即是危城，他的家在这里。而我们则是逃之”[2]。

固守书斋、高士洗耳的还有霭理士，他虽未因此名誉尽毁，却同样付出了极为惨重的代价。正是这不问世事的书呆子气，而不是后世许多研究者考证出的性无能，导致霭理士失去了至爱的奥利文。一生没有任何绯闻的周作人，对自己的婚姻向来讳莫如深；与他截然相反，霭理士在晚年回忆录中，惊世骇俗地对自己一生的情爱作了事无巨细的披露。根据其公诸于世的早年通信，霭理士的灵魂伴侣奥利文就曾愤愤地指出，霭理士是她一生认识的所有人中唯一的纯粹读书人——

> 除了读书人你什么都不是。在读书之外的其他方面，你死得非常彻底。这是你的弱点也正是你的强大之处。这是为什么你可以去从事于世界有伟岸意义的工作。世界冲撞着你，你却岿然不动，考证着某个英国古代剧作家拼写中是否少了一个点。你最亲密的朋友们被拉进监狱，你热衷的理论被尝试施行，残暴的

---

[1] 黄裳:《关于周作人》,《读书》1989年第9期。
[2] 废名:《莫须有先生传》，南京：江苏文艺出版社，2009，第238页。

> 行径被施予无辜儿童——你只是惊讶地看一下，在你正好看到且对方能领教到时，予以谴责……给你两百镑一年，你就能把自己龟缩进抽象的思考，不问世事。革命时代永远别指望你走在十字街头……你静坐一隅，无感，无为……我觉得你从不释放自己的个性与志向。[1]

1884年11月，当奥利文遇到了冲锋陷阵意志强烈的卡尔（Karl Pearson），便迅速与之坠入情网。比较起霭理士《女性与社会主义》中表达的对未来女性的模糊观点，及对社会主义持有的不确定感，卡尔的论文显得生机勃勃、直率坦荡、信仰坚定。他烈焰般的革命热情，对奥利文形成了致命的吸引力，她感到自己在价值和意识形态上，已与霭理士渐行渐远，尽管这并不妨碍他们维系终身的伟大友谊——奥利文愤怒的不满里，同时蕴涵了至高的褒奖与崇敬。

对于外界的无所冀求，某种程度上，正是其无处安置的对内部世界庞大欲望的表征，一如青春期少年用恶作剧和刻意冷漠去挑逗心仪姑娘的把戏。无论是霭理士还是周作人，都对聚光灯下的生活毫无兴趣且局促无措。尽管两人都是他们时代拥有巨大社会影响力的“公知”，他们自身都从未表现出热衷成为“公知”的激情。历经两次世界大战的霭理士只在极少数文章中

---

〔1〕Phyllis Grosskurth, *Havelock Ellis: A Biography*（New York: Alfred A. Knopf, 1980）, p.96.

提及改变了他所处世界的战争；而周作人一心隐退苦雨斋，甘作线装书中的活古人。即便是对于他们倾其一生为之著书立说、赞美维权的“女性同胞”，二人也都几乎从未展开过真正意义上的猛烈追求。尽管以其情爱姿态对应政治姿态是危险的，但似乎不难看出，他们都有着强烈的“撤退意识”——从现时现代撤出，以便全身心投入属于他们的战斗。济慈口中的“小小的声明”，以及外界的褒贬，对于将自身“圣人化”的过度低调者，显然诱惑力不足。霭理士自信地宣称：“世界赋予了我人生诸多奇迹，也终将在我身上找到一个奇迹。”

内在世界的解放者

这世上存在许多不同类型的解放者。解放人类的精神，从内向性渠道建设世界，恐怕是建设世界的唯一正途。文学世界的经营者，也实为苦心孤诣的建筑师：有建造迷宫者如博尔赫斯，建造精神病院者如陀思妥耶夫斯基，建造灵巧宫殿者如卡尔维诺，建造妓院者如亨利·米勒……霭理士的笔为世界造出了适宜天才与罪犯玩耍的道德游乐场。这个超民族、超功利的道德游乐场是敞开的、冒犯的，甚至荒唐的，但这并不妨碍它有某种辉煌的威严。

20世纪初的世界，正经历着自由主义、社会主义和无政府主义间的激烈对话。早在1890年出版的《新精神》序言中，霭理士就提出了个人有义务支持体制，国家则应对个人物质福利负责。“在我们的文明中有两股潮流：一股趋向于更宏观的社会政策和更凝聚的国家；另一股则趋向于更充分的个人自由。这看似相互矛盾的两大趋势，实有隐秘的和谐统一。且两者缺一不可……若非将个人视作统一社会规则中的一个社会单元，则个人没有真正的自由可言。”〔1〕他一方面鼓吹全然的自由，另一方面又看似矛盾地，坚决站在了“私人”的反面，认为“真正的完美自由，是我们从自身的利己主义中挣脱”〔2〕。

同样的理念可以解释周作人对于日本“新村”的热情。单在 1919 到 1921 三年间，他着重介绍日本新村运动的文章就有 11 篇之多，大肆颂扬的同时，也寄托了他虚无的梦想——“劳动者物质的困苦与智识阶级的精神的不安，村里人都可以免了。”〔3〕某种程度上，他的无政府主义和互助思想受到了俄国虚无主义的影响。

30 年代时，艺术公民周作人成为了与左翼对垒的文学精神领袖。舒芜认为“他在左翼文学兴起的初期，就敏锐地警惕地注视着这个新的事态的发展。他那种十分封闭极端矜持的个人主义，使他把马克思主义与束缚个性的封建主义等量齐观，使他觉

〔1〕Havelock Ellis，*Studies in the Psychology of Sex*（New York：Random House，1936），Vol. IV，p.427.

〔2〕Havelock Ellis，*The Dance of Life*（Boston：Houghton Mifflin，1923）.

〔3〕周作人：《新村的精神》，钟叔河编《周作人文类编 · 中国气味》，长沙：湖南文艺出版社，1998 年。

得新的束缚更甚于旧的束缚。直到左翼作家联盟的建立标志着左翼文学的正式登场，鲁迅在思想上完成了由革命民主主义到马克思主义的飞跃，在组织上成为左翼作家联盟的领导人，左翼文学来势迅猛，右翼作家们就慌了手脚，不知如何抵挡。在这个关头，周作人树起了几面大旗，如‘言志’、‘反载道’、‘闲适’、‘晚明小品’等等，摆成了与左翼文学对垒的阵势，并且一连串地对鲁迅发出了不点名的恶毒的攻击”[1]。诚如孙郁所言，“周氏兄弟，是一对相互衬托的存在，理解他们中的每一个，都必须对着看。沈启无说鲁迅死后，周作人再也没有了对手，那是对的”[2]。这一对“东有启明，西有长庚……两星永不相见”[3]的失和兄弟，代表了革命积极和消极的两面，他们如“拱门”的两端，在对抗与矛盾中，合力奠定了现代中国的革命叙事和文化审美。他们都是传统文化里出走的异议者，单说俩人对乡间“舛辞”“冷语”“俗说”的共同看重，对猥琐笑话、歌谣的健全审美，都在一个伪善风雅的时代显得惊世骇俗。大约是受了开口“贼胚”、闭口“娘杀”的绍兴话的影响，鲁迅从中汲得了讥讽与滑稽的艺术，讨武驱鳄、劾奏讪谤信手拈来，炼成一代守法的流氓；周作人则更多被其中大逆不道的趣味所滋养，成为一个文明的叛徒。

---

〔1〕舒芜：《周作人概观》，长沙：湖南人民出版社，1986 年，第 70–71 页。

〔2〕孙郁：《“这一个”周作人》，孙郁选编《周作人精选集》，北京：北京燕山出版社，2011 年，第 9 页。

〔3〕陈漱渝：《东有启明，西有长庚：鲁迅与周作人失和前后》，《鲁迅研究动态》1985 年第 5 期。

这一个“消极的反抗者”〔1〕不认同左翼文化与共产主义，不认同三民主义，不认同革命与独裁。他跟后来劝其南下的文化名家们，很多也是貌合神离，保持了不同的信仰，不南下也是不愿与他们共事，不愿加入抗敌委员会、抗战文联，不高兴写抗战文艺。诸多“不”字背后，并非简单意义上的巧妙逃脱、善意狡黠与软弱闪避，事实上，“一个正确思想的指导者常被误解为悠闲自得之隐士”〔2〕。在苏雪林的眼中，“因为他的革命性被他的隐逸性所掩盖，情形已比鲁迅冷落了。但他不愿做前面挑着一筐子马克思后面担着一口袋尼采的‘伟大说诳者’，而宁愿做一个坐在寒斋里吃苦茶的寂寞的‘隐士’。他态度的诚实，究竟比较可爱”〔3〕。

一心“想要和平的得到革命的结果”〔4〕，周作人是德里达口中那“卷起”的“刺猬”，思想中多有正教之外的旁门别宗与现代性擦出的锋刃与钢花，内心深处更有着猛狼饿虎般的虚无主义。那虚无，还是乃兄鲁迅解释起来最切要害：“虚无主义……指不信神，不信宗教，否定一切传统和权威，要复归于自由意

---

〔1〕霜峰（任访秋）比较了周氏兄弟对于人生和文学的不同倾向：“我们假若要说鲁迅先生是一个积极的革命者，那么岂明先生，或者当得起一个消极的反抗者的徽号吧。”

〔2〕施蛰存：《一人一书：论鲁迅、知堂、蒋光慈、巴金、沈从文及废名的创作》，1937 年 1 月 1 日《宇宙风》第 32 期。

〔3〕苏雪林：《周作人先生研究》，1934 年 12 月《青年界》第 6 卷第 5 号。

〔4〕周作人：《新村的讨论》，钟叔河编订《周作人散文全集》（二），桂林：广西师范大学出版社，2009 年，第 285 页。

志的生活的人物而言。”[1]正是这自由意志，最终超越了国家、民族、法律乃至一般道德，使周作人最后落得了一个民族罪人。

艺术公民与世界主义者

一战之后，霭理士曾妄下断言：战争即将永久终结，人类不再需要战争这种不经济的获利手段。他相信，20世纪将是战争消亡的世纪，即便人类没有刻意停战，战争不久以后也会永久性地从这个世界上消失。出生率在不断下滑，而低出生率往往伴随着文化的进步；个人主义已臻至巅峰，没人再愿意为国家或集体卖命；工业与商业文明日渐透明规范，赤裸裸的经济掠夺已不再现实；与此同时，这个星球也没有更多可以拼得你死我活的争抢的资源，人类的富余能量将被导向战争以外的其他可能的领域。[2]这番对未来太平盛世的预言，奇异地让人返回到茨威格笔下那个“昨日的世界”——“一切过激的行动，一切暴力活动在一个理性的时代似乎已经不可能……19世纪在自由派的理想主义之中真诚地相信自己这个世纪还沿着一条万无一失的平坦大道走向‘最美好的世界’。人们用蔑视的眼光看待从前充满战争、饥饿和动乱的时代，认为那是人类尚未成熟

〔1〕鲁迅：《马上支日记》，《鲁迅全集》（第三卷），北京：人民文学出版社，1981年，第328页。

〔2〕Havelock Ellis. The Origin of War. January 18th，1919.

和不够开化的时代。”[1]这纯然的乐观与自信，出产自维也纳这座天才的城市，马克·奥勒留（Marcus Aurelius）时代称颂的包罗万象的“罗马精神”在她身上被演绎得如痴如醉：

> 这座音乐之都的真正天才是将一切具有极大差异的文化熔于一炉，使之成为一种新的独特的奥地利文化、维也纳文化。这座城市天生有着博采众长的愿望和接受外来影响的特殊敏感，它将那些完全不相同的人才吸引到自己身边，使他们在这里感到身心轻松、彼此融洽。人们在这种思想融洽的氛围中生活，感到不胜温馨。这座城市的每一个居民都在不知不觉中被培养成为一个超民族主义者、一个世界主义者、一个世界的公民。[2]

这座由艺术公民和世界主义者组成的以美为至高目标的城市，驱魔般祛除“偏狭与成见”。一定意义上，她践行着“欧洲共同联合的理想”，她像一支巨大的乐器，将“民族和语言的一切对立因素和谐地融合在自身之中”，成为“一切文化的综合”，演奏出世界及自身的高贵与甜美。天才的城邦，艺术似乎真正取代了宗教，成为全城人的信仰，无论他是豪阔的贵族或贫穷

[1] 斯蒂芬·茨威格：《昨日的世界：一个欧洲人的回忆》，舒昌善译，北京：生活·读书·新知三联书店，2010年，第3页。

[2] 斯蒂芬·茨威格：《昨日的世界：一个欧洲人的回忆》，舒昌善译，北京：生活·读书·新知三联书店，2010年，第15页。

的劳工，无论他来自西班牙、意大利、法兰西，抑或匈牙利、斯拉夫、德意志。

优美的制度与高妙的情操并非总能获得胜利，如果“进化”如此顺遂，那实在是对上帝想象力的严重低估。然而，智力优越之人往往最能在世界主义的典雅迷梦中找到自我。乔伊斯·卡罗尔·欧茨（Joyce Carol Oates）小姐曾在华沙大学说，她感觉她是一个文化意义上的世界公民。一生被无数矛盾之词概括，却始终和“愚蠢”毫不沾边的桑塔格（Susan Sontag）也说，自己是一个漂泊的犹太人，做国际性的公民也许更容易些。在文化艺术的“高智商俱乐部”里，到处可见“对自我和世界进行不断探索和分析”的毫不停歇的“游牧者”的身影。桑塔格在1964年的日记中写道：“当艺术家就是去失败，因为没有其他人敢失败……失败是他的世界。”[1]

民主的雅典败给了寡头强权的斯巴达，拥有罗马精神的艺术的维也纳在20世纪初被野蛮的民族主义所亵渎。世界主义者身上天然的脆弱让他们在面对疯狂挑衅与无度野蛮时往往被迫忍气吞声。以精致对抗世界纷拥而来的粗鄙，以创造对抗避之不及的毁灭，他们身上过度文明的东西铸就了他们的失败。当仇恨之心侵入到时代的血液循环，茨威格描绘了艺术公民们软弱的道德：“维也纳的警察不得不束手无策在外面眼睁睁看着这

〔1〕苏珊·桑塔格：《心为身役：苏珊·桑塔格日记与笔记（1964–1980）》，姚君伟译，上海：上海译文出版社，2015年。

帮无赖学生闹腾，警察能够尽力的，仅仅限于当流血受伤的人被这帮民族主义的流氓从楼梯上扔到街上以后，接着把受伤的人抬走。"〔1〕

如今，在布拉格、萨拉热窝、华沙、布加勒斯特、克拉科夫、布达佩斯，我们仍能嗅到那个"昨日的世界"的残骸。我们往往惊叹地发现，那些狭小国度出产的作家身上，常有一种超越民族性的神秘又令人兴奋的文化气质。马赛克式的本土文化、基督教文明、犹太文化、欧洲理性主义等多种文化在那里交织混响，使得人很容易变成艺术化的温暖的世界主义者，而另一方面他们又非常的地方主义；很结实，同时又很轻盈；灾难深重，竟又一笑受刑。这些悖论创造出迷人的性格和意外之举。就像克里玛（Ivan Klima）说的，回敬给"他们所鄙视的统治者的最后一击不是一刀，而是一个笑话"〔2〕。就像莱涅尔－拉瓦斯汀（Alexandra Laignel-Lavastine）在《欧洲精神》（*Esprits d'Europe*）中所断言的那样，"真正的欧洲精神，不在西方，而在那个不断地经历苦难、压制，却仍毫不懈怠地坚持自由人性的东欧，在那些伟大的东欧异议者身上，才真正保留着重建新欧洲的精神基石"。正是这些东欧异色的抗争与共存，创造出极具穿透力的深刻与复杂，成为挽救"绦虫一类"的线性普遍化世界历史图景的多元力量，保证了欧洲文化整体形式存在和复

---

〔1〕斯蒂芬·茨威格：《昨日的世界：一个欧洲人的回忆》，舒昌善译，北京：生活·读书·新知三联书店，2010年，第74页。

〔2〕克里玛：《布拉格精神》，崔卫平译，北京：作家出版社，1998年，第53页。

原的弹性。

20世纪以来，民主主义和极权政治在许多国家创造出了“秩序井然的地狱”，古典式的整全性败落了。各种现实的撕裂在全球各大洲，依据其不同的民族性格生长起来。“分离”——成为了现代社会最核心的悲剧特征。哲学家马南（Pierre Manent）很早就注意到了现代社会中权力与意见的分离、国家与宗教的分离、事实与价值的分离、政治权利与自然权利的分离，等等。世界主义者们的温暖版图，被非理性的民族主义的锁链一块块瓜分、捆扎。霭理士很快看到了他预言的破产。然而，时值今日，我们仍不能过早地安下断言，称霭理士的预言天真可笑——二战以后，世界的确经历了人类历史上少见的漫长和平，各种谋杀、斗殴、暴力致死事件降至史上最低，暴力的激素此消彼长，更多地充斥于险恶的日常生活中。从这个意义上讲，世界主义者是属于未来的物种。

霭理士纯粹形而上的思考，如化学中的基本公式，是一种纯粹本质的认知，引入日常变量则会导致其失效，并破坏其完美的晶体结构。他是爱因斯坦口中那种用观点和景观占据世界的男人；而他的后继者周作人，将更为激进地将美学原则渗透进行为抉择。他对生命的态度是希腊式的。他曾抄录霭理士《随感录》中的片段：“在缺失这些希伯来特有的兴味的年代，这世界在哲人看来似乎有点空，是‘虚空’之住所了。然而这里还留着一种伟大的希伯来特性，特性中之最可宝贵者，便是温暖的博爱的世界主义。”[1]这种超越民族的“超功利”思想，说到底是一种美学意义上的强烈的尝试。哈利孙（Jane Harrison）在《希腊神话论》中提到，“希腊的民族不是受祭司支配，而是受诗人支配的。结果便由他们把那些粗材都修造成美的影像了”[2]。受诗人支配、以美为教的审美文明深刻影响并左右了周作人的一生，他因而“开始摆脱从一家一乡一国一民族的角度考察文化的局限”[3]。某种意义上，周作人与霭理士都是在以人类学的眼光为人、为文。他们的思考和观察对象不是文学家关心的“个体的人”，亦不是社会学家观察的“群体和社会”，而是以一种近乎上帝的无界视角，在百代历史中摒除种族、国家、等级观念来看待“人类”这一种群缓慢而精妙的演化。其文学、哲学、政治观、道德伦理观，说到底都是人类学之爱。

在谈及武者小路实笃时，周作人不断提及“人类相互理解”的困难，“明知说也没有用，然而不能不说，因为还有对人类这‘爱’存在”。霭理士曾尝试通过对毛发、眼睛颜色等的数据统计，来建立“种族美学”——一种身体哲学式的艺术解释。[4]一度提倡“世界语公用语”的周作人，沿袭这一条人类学的道路，在民族问题的看法上显示出一种更为激进的实用态度。他

---

[1] 周作人:《蔼理斯〈感想录〉抄》，钟叔河编订《周作人散文全集》(四)，桂林：广西师范大学出版社，2009年，第51页。

[2] 周作人:《我的杂学》，北京：北京出版社，2005年，第12页。

[3] 钱理群:《周作人传》，北京：北京十月文艺出版社，1990年，第154–155页。

[4] Jacques Barzun，*Classic*，*Romantic and Modern*（London：Secker and Warburg，1916）.

意识到，除了警署和兵营之外，世界还被语言的栅栏所分隔。他宣称“世界现在是我们的唯一的祖国，人类是我们的唯一的民族”[1]。学界在关于周作人究竟是民族主义者还是世界主义者的问题上多有不同看法。今时今日，再去争论他是否自认为是世界主义者已不再重要。重要的是，无论他初衷是民族主义抑或世界主义，为何今天只有在世界主义的框架下才能解释得了他；重要的是，借此帮助我们重新去辨析“民族”“国家”“民族主义”等概念。事实上，关于“民族”与“民族主义”在人类历史上出现的先后关系，历来争论已有。国际关系专业往往在专业课第一课就会讲到1648年发生的历史转折：当时统治西班牙、神圣罗马帝国、奥地利的哈布斯堡王室，还有法国、瑞典反神圣罗马帝国内的勃兰登堡、萨克森、巴伐利亚等诸侯邦国共同签订了“威斯特伐利亚和约”（Westphalian System）。正是这部确定了以平等、主权为基础的“现代民族国家”纲领，以一种令人目眩的方式建立了现代世界秩序。而在民族国家概念明确之前，越过地界的商贾活动乃是一种自然意义上的交换，并不构成今时今日罪大恶极的走私犯罪；那么越过民族国家界限的旷达思想，是否也可同样被视为是一种古朴的大同愿望？

历史学家本尼迪克特·安德森（Benedict Anderson）认为，民族是“想象的共同体”，这非自然的产物非政府介入不可。其

〔1〕周作人：《公用语之必要》，钟叔河编订《周作人散文全集》（二），桂林：广西师范大学出版社，2009年，第695页。

悲剧在于，国家或政府作为“垄断正常暴力的机构”，暴烈地将某种文化论述普遍地加诸于每个成员身上。当我们以一套国民教育来对周作人的附逆加以道德评判时——“仿佛道德的目的即在于实现道德，跟道德以外的事情无关。”那些抱持现代迷信，一路叫嚣“太平洋又没加盖，觉得日本好的人可以游过去”[1]的民族主义信徒们，制造出了文化基因中恐怖的分子，而希腊美术家与诗人的职务，恰是湔除这恐怖——这是周作人口中我们对于希腊神话作者最大的负债。[2]

除希腊以外，周作人在附逆期间谈儒家也谈得很多。鲁迅、胡适等同时代的人并没有足够耐心去参悟周作人的“儒”。儒家的大同可以放诸于地缘政治治理。从“天下”到“国家”，这在儒家理想中乃是一种倒退。套用马克思对犹太人问题的评论[3]，我们也许可以说，所谓的儒教国家，就是以儒教的方式来否定国家，而绝非以国家的方式来实现儒教。

人总是为了一个更大的身份而放弃更小的身份。试想上个世纪，一位脆弱的东方的世界主义者，空茫地希冀着从古典中华儒学中吐纳内丹，以换取亚洲智力和政治的觉醒。这份虚无的努力，势必受到贬抑与伤害。受伤之后的“大不言”，将构成

[1] 此话套用了陈水扁之言：“太平洋又没加盖，觉得大陆好的人可以游过去。”

[2] 周作人：《论鬼脸》，钟叔河编订《周作人散文全集》（四），桂林：广西师范大学出版社，2009 年，第 282 页。

[3] 马克思对犹太人问题的评论说：“我们也许可以说，所谓的基督教国家，就是以基督教的方式来否定国家，而绝非以国家的方式来实现基督教。”

他的最根本性格和最终极姿态。生物学家发现，一些动物比如猪、老鼠、蟑螂以全能著称，并能在多数环境下迅速繁衍；而另一些——熊猫、考拉、鲨鱼则挑剔到只能适应极少数特定环境，一旦环境发生变化，它们就因不会调适自我，而把自己暴露于灭绝的危险边缘。[1]无论在哪个时代，无论在世界的东方还是西方，世界主义者们从一开始就将自己摆在了熊猫、考拉、鲨鱼式的随时灭绝的濒危处境。这些珍稀物种实际上是一个失落文明遗漏下来的智性子嗣。“新文明里的土著们只能对那个失落的旧世界有些许耳闻。面对新文明，他们则一脸的顽固不化——这份对旧世界的忠诚导致他们背叛了自己真正的出身。他们看似异议者，然而，在去评判这些人的时候，他们对于放弃独立精神的抵制程度比其政见更为关键……这些美丽的孤儿什么都没有迎来，除了他们自身的灭亡。他们成为了一个垂死物种的代表，在新世界里无法繁殖，唯有迅速灭绝。”[2]

“世界是一个永久的新奇，永久的单调”，然而，大多数人宁愿把自己交付给一个绝对的统治意志，一个莫名的暴君，让他们去做决定总比自己做决定来得好。脆弱的人类承受不了爱，承受不了美，更承受不了绝对的自由。

---

〔1〕John R. McNeill，“Cliodynamics，Homogeneity，Heterogeneity，Pigs and Pandas in Human History”，in *The Journal of Theoretical and Mathematical History*，UC Riverside.

〔2〕米克洛什·哈拉兹蒂：《天鹅绒监狱》，戴潍娜译，北京：中央编译出版社，2015 年，第 17 页。

在悲剧中臻至圆满

一个叫斯诺瓦基的波兰人说："当森林焚烧时，便没有闲暇哀悼玫瑰。"现在，是时候来追认玫瑰的骸骨，以哀悼整座森林了。

传统只属于那些挑选和培养它们的人，传统的嫡传者往往最后成为时代的叛徒，他们诅咒伪文明与伪道德，诅咒智力上贫血的宗教。在人类日常的智力活动远未超拔到审美的高度时，他们乐于从人群中叛变，但是以一个艺术家的身份去叛变。匈牙利的小说家蒂博尔·德里（Tibor Dery）断言，真正革命的不一定是艺术家，真正的艺术家却永远是革命者。那些最美丽最紧要的思想，深陷在道德的雷区。革命转而开始吞噬自己。这种艺术只有在死灭之后，作为深刻文化变革的殉葬品再次出土，才能获得信服力，重新对传统进行修正和捡选。

国民教育与御用传统的训话，使得我们生活在一个精神与思想的动物园，在历代游客面前，不断展示着自身的丑陋与无聊。面对全然的自由及自由的反面，凶猛之兽旋转踱步于牢笼之中，如同里尔克诗歌《豹》所描述的那样——"强韧的脚步迈着柔软的步容 / 步容在这极小的圈中旋转 / 仿佛力之舞围绕着一个中心 / 在中心，一个伟大的意志昏眩"在现代化的笼子里，牛虻式知识分子多是被囚困的、不得糖尿病就不错了的野豹子。他们如今成天在修辞里踱步转圈，可游客当心了，一有闪失，他仍可致命。究竟谁是这座动物园的幕后掌管者？又抑或是驯养师和反抗者同谋共计联手创造了这种文化？自以为是主人的奴隶们，面对或明或暗的恐怖，如何创造毁灭自己的超功利艺术品？进化史上人类大脑的发达伴随着体能的退化，知识分子身心健康程度的退行性变化，又是否作为科技“进步”的反作用力而存在？传统的复归者缘何最终沦为传统的抬棺人？先驱们在追求卡朋特口中“自由优美的公共生活”的过程中，是否已然渗漏出一丝平庸的气息？我们今天由里及表，透过由希望、欲求、知识、意向构成的思想观念，去解析历史人物的行为人生，又是否意味着对行动自由性的彻底否定？

也许，他们一不小心瞥见了上帝的另一副面孔，继而拥有了天才的破坏力；不声讨不辩解的哑剧，亦不是狡黠投机，只不过努力扮演一个角色，以“娱乐天空中的观众”。[1]

苍穹之下的观众们也并不寂寞。就在 2004 年，百老汇上演了乔尔·希尔斯肖恩（Joel Hirschhorn）执导的、以霭理士至爱的女权先驱奥利文为原型的诙谐剧目《性之食客》。剧中奥利文的扮演者，身着 19 世纪绅士装三件套亮相舞台，喊出她那句著名的宣言——“女人获得平等权之前，我将做一个男人。我就是自己的丈夫。”任何武断的人格，在表面目的明确的坚毅主张之下，都有着层层矛盾搅拢。有趣的是，预告《性之食客》的同期《纽约画报》的另一版上，大幅报道了安迪·沃霍尔（Andy Warhol）的回顾展，他的名言“我们不仅仅是参加一个艺术展

〔1〕参阅威廉·布莱克的诗句。

览，我们就是艺术展本身”仍萦绕在人类生活这座巨型展厅的每个角落。

事实并非是先驱们在一个世纪后的百老汇剧目中被演绎，而是他们所做的一切努力早早为日后的百年大剧拟出了底稿——是我们正在出演与被演。

用艺术代替狂宴。周作人和霭理士可说是有意践行法国画家瓦妥（Jean-Antoine Watteau）口中的“荡子精神，贤人行径”。无论他们最终是否做到，这些外部世界的叛徒、内在世界的解放者们，他们没有虚度，没有浪费，没有钻牛角尖地以死明证，没有尽情痛饮生命的甜酒，唯有遵循其内在动力，稳步推进工作。没有任何人任何事，包括他们自己，可以阻碍这工作的完成。

霭理士巨象式写作的《性心理学》，前六卷完成于 1910 年。至 1928 年，霭理士终于写完最后一卷，完成了这部性学大百科全书。其中，第六卷末尾的跋文在周作人一生的不同时期，被他反复摩挲引用：

> 在道德的世界上，我们自己是那光明使者，那宇宙的历程即实现在我们身上。在一个短时间内，如我们愿意，我们可以用了光明去照我们路程的周围的黑暗。正如在古代火把竞走——这在路克勒丢思（Lucretius）看来似是一切生活的象征——里一样，我们手持火把，沿着道路奔向前去。不久就要有人从后面来，追上我们。我们所有的技巧便在怎样的将那光明固定的炬火递在他的手内，那时我们自己就隐没到

黑暗里去。[1]

举着信仰的灼情和无以复加的理性烈焰，这黑暗大道上的火把竞走，必是孤独残酷的。通过孤独，来找寻他们的同类；通过孤独，来触摸上帝的意旨与文明的真性。“救世主亦是经过荒原走向人类。”途中，人类生活的悲惨现实似乎已不再对他们构成刺痛，相反，在某种意义上，惨痛的现实在悲剧中臻至圆满和谐。[2]

武者小路实笃有言：“土拨鼠不能见到太阳，这在土拨鼠是不幸，在太阳却不是不名誉。”

当霭理士还是个幼童时，他曾着迷于祖母讲的一则故事：一个爱美的徒劳的女孩子，在婚礼前夜直挺挺端坐了一个通宵，只是因为怕睡觉弄乱了她新做的头发。

所有这一切，大概都是一场向美意义上艰苦卓绝的徒劳努力。

像多数革命者都不会对革命创造的世界表示满意一样，作为西方现代情感和现代知觉塑造者的霭理士，和作为东方现代审美和现代文化遴选者的周作人——大约也会对他们创造的结局深怀不满。周作人曾愤愤然：“表面上是中华民国，也有了民

---

〔1〕周作人：《蔼理斯的话》，舒芜编录《女性的发现：知堂妇女论类抄》，北京：文化艺术出版社，1990 年，第 75–76 页。

〔2〕Bertrand Russell，“Havelock Ellis：An Appreciation”，in *Archives of Neurology & Psychiatry*，1939（4）.

国的法律了，然而上上下下还是大清朝或以前的头脑。”[1]也不知今时今日之子孙，顶着的又是何朝何代的脑袋了？

所幸霭理士早就认了：“我的成功都建立在失败的基础上。我不抗议，我接受，我从头再来。”

〔1〕周作人：《杀奸》，张明高、范桥编《周作人散文》（第一集），北京：中国广播电视出版社，1992年，第321页。

第四乐章

好色家与情人党

——霭理士一生的情爱实验

凡人有凡人的纪律

超人有超人的法度

1923 年，几乎每个美国人都在读《生命之舞》，并为它的语言、深度和智慧深深着迷[1]。就在这本小书一开篇，霭理士写道："人们一直难以认清这样一个事实：即他们的生活完全是一种艺术。"

作者创造作品，作品反过来也在塑造作者本人。信奉艺术创世说的霭理士，选择的是如俄罗斯芭蕾舞那样一种美妙而困难的技术传统。他一生都配合着一种风和日丽的优雅曲调在写作、生活。然而其内在的危险性不可估量。那些"最美丽最紧要的思想"，也有着可怕的美。

如同故宫的屋檐下集中着中国最优秀的男人和最优秀的女人，20 世纪初的女性解放运动聚合了最僭越的头脑与最勇敢的身体。在霭理士 80 年的漫长人生里，他奇迹般地与奥利文、伊迪丝、玛格丽特·桑格、弗朗克丝（Francoise Latitte）等一干女权主义先驱，建立起几近无可摧毁的深刻的精神联系。一群天才人物以身试法，宣泄了一个时代的荷尔蒙。他们波澜壮阔的人生，以及他们为女权运动作出的努力，统统汇入到这场人类历史上最漫长的革命。

他们和她们，是科学家、是革命者；是狂人、情人、诗人；是以人生为作品，用行动做梦的艺术家。他们严肃地讨论色情，

---

〔1〕Charles Angoff，"Havelock Ellis"，in *American Mercury*，XXXIV（Jan. 1935）.

在情爱里做了审美家。他们的激情，是莎乐美“脚步的闪烁”，是对世界之爱在异性身上的投射，世界由此显露出撒旦之爱与撒旦之美。

霭理士写作的性学百科全书和他不同凡响的人生，共同筑成了他“性的艺术”。在“性的现代化”上，他所作的贡献，可以匹敌马克斯·韦伯之于现代社会学，或阿尔伯特·爱因斯坦之于现代物理学。[1] 所谓“现代化”，原是罗马公教中偏离正统的神学异议者的标签。大师们漂亮的偏见与谬论，完美建构了这个世界，并给后人提供至为真诚的指引。

本章仅以霭理士一生的情爱实验为线索，为其立下小传。说到底——“将世界看作美人，才是生活的终极全部。”

同伴之爱与同工之爱

大师生命中都会有天使出现，奥利文是霭理士生命中出现的第一盏启明女神，她是那种“血管里闪光”的女孩，集合了智力的挑衅、中性的美貌、严苛的戒律与永不安宁的灵魂，她成为了霭理士智慧和情感的双重供养者。

1884 年 1 月霭理士无意间在《双周评论》(*The Fortnightly Review*)上读到了一则关于《非洲农场故事》的评论，受到激发，

〔1〕Paul Robinson, *The Modernization of Sex* (London: Paul Elek, 1976), p.3.

竟毫不犹豫地给小说作者写去一封长信，不久就收到了这个名叫罗尔夫·铁（Ralph Iron）的作者的掏心窝子话。故事的反转在于，这个罗尔夫·铁的男子名字背后惊现一位智力超群的美女。在一个时间、情感、万事万物都缓慢流淌的旧世界，奇迹有足够的时间成长，有足够的空间隐蔽。

霭理士随后开始了与这位“笔友”的倾心互谈，她真名奥利文·施赖纳（Olive Schreiner），是一名德国传教士之女。在1881年3月30日漂洋过海来到英国之前，奥利文一直生活在广袤的南非，曾经怀有成为一名医生的理想，如今准备嫁给文学事业。她和霭理士有太多的共同点，简直如平行宇宙中的另一个异性自我，如若各自运行，都是闪光的恒星，如若交叉碰撞，则必电光火石。

霭理士本是极端温柔的男子，而奥利文身上显然有来自南非的坚毅狂野，如一颗闪闪发光的顽石。在女性解放的早年，她体现出一种毫不造作且完全无损于她曼妙淑女形象的中性气质。“你难道不想念那些独自在荒野游荡的星光之夜吗？”奥利文挑逗着霭理士最内心的渴望和怜悯。霭理士从来不输于睿智的安慰：“我同情你期冀回到旧生活的渴望。我也会自我思忖，一个人生活的任何部分都绝不可能重新来过，新的元素进入生命，将其塑造成一件新物，这差别成为了一种折磨。”[1]他们在此后的信件中谈论易卜生、海涅、雪莱、社会主义、女性解放以及关于婚

〔1〕美国得克萨斯大学收藏的通信，信下无日期标注。

姻的种种自由前卫的观念。他们深入探讨了“性沟”的存在。性沟可能是比代沟更令人绝望的难以逾越的存在。“为什么男人与女人不能真正靠近彼此，且对彼此的生活有助益呢？”[1]当奥利文发出绝望之声时，霭理士总能用他感同身受的真诚和温厚博学的辩才接住球。可惜这些无障碍交流的通信在1917年被奥利文含泪恳求销毁，幸而当时五迷三道的霭理士偷偷私藏了一部分，我们如今才能得见这段传奇爱情的始末。

旧世界的爱恋之火流淌得缓慢，却绝不笨拙，相反它无比精妙无比精密。

在回忆他们对彼此的感觉时，霭理士曾引用爱默生（Ralph Waldo Emerson）《灵魂法》（*Spiritual Laws*）中的段落：“当一个拥有相似头脑的人，一个天然的兄弟或姐妹如此温柔自然地，亲密无间地来到我们面前，就如同我们自身的血脉一般，我们感到的是一个个体的消失，而不是另一个人的到来；我们全然地解脱全然地更新；这是一份愉悦的孤独。”他们很快发现他们认识前曾共同听过水晶宫的音乐会；他们都对新近出版的书籍感兴趣，特别狂热于那些被认为“不道德”的书；他们充满无私的反叛，共赴危险的事业。霭理士触碰的从来不是这个年仅28岁的美丽姑娘的曼妙身体，事实上他们之间的肢体接触一直被控制在一个极端晦暗的雷区之外。他更多地是与大他四岁的

[1] S.C. Cronwright-Schreiner, eds., *The Letters of Olive Schreiner* (London: T. Fisher Unwin, 1924), p.18.

奥利文建立起某种矢志不渝的灵魂契约。

这对灵魂恋人恋情的真正开始并不像想象中那么浪漫，几乎是笔友的“见光死”。霭理士甜蜜地回忆起奥利文给他的第一印象：“娇小健壮生机勃勃的身体套在宽松的衣服里，她在沙发上坐着，双手摆在腿上，美丽头颅上的那双又大又黑的眼睛，如此丰富如此敏锐。”[1]可惜女方对他可谓失望至极，当奥利文第一次见到这个声音尖细的日后的“大个子天使”时，她通过书信建立起来的化学作用瞬间化为乌有。后来她对霭理士坦白，自己当天回屋取帽子时忍不住连眼泪都掉出来了。不过，人间有一见钟情，也有二见钟情。

他们在伦敦见面以后，很快在彼此身上迷失了自己。真爱是全然的臣服，霭理士一直将奥利文描述成他一生中唯一见识的女性天才，多年以后在自传中他也不惜对奥利文使用了一切最高级别的修辞——“某种意义上说，她是她那个时代最杰出的女性，最重要的女性语言艺术家。不用说，这样的女性理当是世上与我有亲密关系的第一人。我理智的平衡也许一时被她打乱，有一段时间，我几近是醉了。”[2]

他感到自己从奥利文那里得到的是一种非常本质的东西，远不止是情感，亦不是新鲜的思想，而是比思想更为庞大更为稀罕的性灵。这种时候，他总感到自己无以为报。他带奥利文

[1] Havelock Ellis, *My Life* (London: Heinemann, 1939), p.183.

[2] Havelock Ellis, *My Life* (London: Heinemann, 1939), p.184.

面见了他母亲和姐姐。作为同性，她们都瞬间为她的光辉所着迷。霭理士也将她引荐给伦敦文化圈的名人们，这位《非洲农场故事》的作者一出道就风华绝代、风靡雾都。比她小四岁的霭理士在当时是十足的屌丝文艺青年。在奥利文由于体质原因搬离伦敦后，霭理士一遍遍在信中表示如果他能赚到足够多的钱他就要搬来照顾她。这也是霭理士除了在暮年遭遇财政危机以外，唯一一次认真想要努力赚钱。

当然，我们不必怀疑，奥利文这样的女子有绝对的魅力让男人为她奉献。她和霭理士在一起读书、念法文、辩论、写作。他们之间有彻底的放松和信任。有一回奥利文隔着墙壁与霭理士争论一个学术话题，两人全情投入到这场讨论中。针锋相对时，她急不可耐冲到隔壁去阐明观点，全然忘记了自己一丝不挂……

真正的爱人会塑造一个人一生关于“爱”的审美。奥利文改变了霭理士关于爱的全部观念，帮他找到了自身在爱中的最舒适的角色，霭理士从此开始了他在两性关系中“小妈妈”“姐妹”“婴儿”的角色扮演——这些都是他终生渴望成为的角色，也是他探索“性心理学”所必须拥有的超越常理的雌雄同体、长幼无序。“安慰”是构成他两性关系中最核心最甜蜜的“知觉”。他和奥利文在一块儿就像两个幼童在一起，奥利文也喜欢这样。奥利文会是那个被宠坏的孩子吗？她会不会是一个如同莎乐美一般强势、风流的雅典娜，或者是那个整个20世纪的法国文学都需从她裙下爬过的骄纵的贵妇？如果我们将这些特质加诸于奥利文，那显然是符合想象的，换句话说，那毫无新意可言。然而戏剧性的是，这样一个美貌的女才子终身受着几近病态的“无私心”的困扰。一种苦行圣人的自律与自缚，几乎使她无法轻松安宁地度过平静的一日。她太难快乐了，因其快乐的源泉早已超越了平常女子需求的“取悦”。霭理士说她有一种有点变态的渴望——从天道的角度看待万事万物，极端无私。在奥利文给霭理士的信件中她一再忧虑霭理士太过爱她，这比较起现代爱情中的一味索求是多么殊异。奥利文中世纪的、审慎的、内向性的世界终于对霭理士全部敞开。她一直对自己早年的一段情事怀有自虐式的愧疚，她也向霭理士坦言自己自慰时的快感如何强烈。难以置信的是，她一直在私自服用一种能减少性欲的药物，为了从肉体牢笼中挣扎出来，让自身和他者触碰的不再是女性肉体而是女性发达的头脑及丰饶的创造力。至于她所服用的药物，在后世考察中被证明是一种难以从身体中清除的“溴化物”，而她异常敏感脆弱的神经、情绪低落、抑郁、皮肤瘙痒、精神混乱，以现代观念看都是溴化物慢性中毒的病症。她骚动不息，没法享受片刻安宁。奥利文是一个搬家狂。她刚到伦敦不久，就头疼哮喘情绪低落，6 月初她搬到了郊区欧本（Woburn）的一所房子。仅仅两天时间她又感不适，决定搬去德比郡（Derbyshire），那里的空气更为新鲜。7 月 7 日她打包前往德比郡，然而好景不长，刚一落脚她就感到这里的环境跟伦敦一样差，很快她住进了临近威克斯沃斯（Wirksworth）的伯乐山（Bolehill）。她的工作也一直折磨着她，写作喂养着她的野心和激情，然而她脆弱的体质又妨碍着她完成自己的宏图。至8月11日，对她魂牵梦萦的霭理士终于获得假期直奔威克斯沃斯与奥利文约会。当着邻人阿威灵（Aveling）夫妇的面，二人一连上演了为期半个月的"幕间戏剧"[1]，有时他们动作过分亲密，引来阿威灵犀利的瞥视。

在这朝夕相处的半个月里，他们一起读法文，霭理士准备着他要为《今日》杂志写的关于社会主义和女性的文章，奥利文则继续她的小说写作。他们早晨工作，下午一起阅读，晚上谈心说话。傍晚的时候去风景怡人处溜达，说说情话，顺道从农贸市场采购一些梅子、鲱鱼、墨水、新鲜奶酪、生姜啤酒。知识分子间的浪漫相处莫过于此了。这对热恋中的知识分子建立起了极端亲密的肉体联系，奥利文提供给霭理士的伟大的性爱，不只是肉体之欢愉，还有远比快感更为深刻的痛苦、尴尬、无能为力——其间包含了霭理士毕生探求的生命意志的挣扎。霭理士和奥利文的初次见面，让奥利文一时幻灭了浪漫的想象；他们初次的肉体碰撞则让彼此幻灭了对婚姻的期许。霭理士在多年后的自传中隐晦地记述了他们在一起的磨合，两人似乎都毫无怨言，生命的局限性反倒令他们愈发亲密理解、相互同情。

---

〔1〕Phyllis Grosskurth，*Havelock Ellis*：*A Biography*（New York：Alfred A. Knopf，1980），p.81–83.

霭理士写道："我们所建立的亲密友谊，较之于常人的技术上的所谓'爱侣'，要更亲密更意味深长。"[1]就在这种亲密与折磨中，霭理士更清晰地定义了自我——"一半道德，一半艺术"[2]。奥利文则给出了更锐利的剖析："有一种强烈的反常存在于霭理士身上。从遇见他的第一天我就感觉到了这一点，他自己从不否认，我们常聊起这个。他只对那些反常的——不是特别的，而是病态的东西感兴趣。一定程度上他是个真正的颓废分子。"接下来一段时间，这位"纯洁、美丽、无私的兄长"给奥利文的去信常以"吻遍你的全身"结尾。9 月时，奥利文动念意欲回伦敦与他重聚，霭理士便开始跑遍全城看房子。这对智力匹配、生理不匹配的情侣逐步建立起一种无损于爱情的"健康的冷淡"。11 月份霭理士去圣莱奥纳多（St. Leonards）约会奥利文，有一回奥利文让他取来显微镜，这个同样有博物学家气质的姑娘调皮好奇地在显微镜下观察恋人的精子。但这饶有情调的行为背后也隐藏着深刻的无能为力。

在接下来的长久岁月，霭理士和奥利文持续怀着燃烧的激情一道探索情感的深度及性的黑洞，而这一切探索都围绕着一种本质性的痛苦所进行。"性是生命中真正的圣餐"[3]，然而他们无法酣吃畅饮。

---

〔1〕Havelock Ellis，*My Life*（London：Heinemann，1939），p.185.

〔2〕Havelock Ellis，*My Life*（London：Heinemann，1939），p.185.

〔3〕Havelock Ellis，*Little Essays of Love and Virtue*（London：Adam and Charles Black，1922），p.69.

纯粹理论的实验性婚姻

霭理士晚年写了许多关于“生活的艺术”的作品，最著名的就是那部堪称杰作的《生命之舞》。书中他尊舞蹈为至高的自由艺术形式，他自己的人生也是一出不折不扣的艺术作品，不断实验着爱的可能形式。当然作为一个艺术家，他懂得欣赏婚姻里的所有局限与悲剧，且一般的婚姻悲剧满足不了他。

维多利亚时期的大量浪漫小说都是围绕着条件婚姻的悲剧展开，以财产巩固及血统维系为核心条件的旧式婚姻作为支撑稳定社会环境和虚伪节制社会风尚的重要基石，在维多利亚晚期已风雨飘摇、狂澜既倒。当社会制度面临转型，社会风潮即将转向时，传统婚姻形式的瓦解常常是爆破前的第一弹，新式男女们在最为唾手可得的情感领域释放其革命热情。也是在这个社会思潮蜂拥的转型期，婚姻成为各种理论思潮的跑马场，年轻人热衷于以身试法。如果说在社会稳定期，婚姻家庭被用来负责社会最小单位的维稳，那么在转型期，婚姻家庭则用来负责社会最小单位的变革和试验。奥利文早就给霭理士下了定论：他绝不会走上十字街头，但他的革命热情空前绝后。在婚姻这场最耗人的拔河比赛中，他需要一个好对手。而伊迪丝就是一个绝对的好对手。

1887 年，霭理士在“新生活会”（The New life）结识了当秘书的身高仅 5 英尺的 26 岁的伊迪丝。那时霭理士已在奥利文那里受到重创，尽管他们仍维持着两天一封，有时一天两封的通信。霭理士的个头高得有点令人尴尬，他也一直欣赏高挑的女性形体，讽刺的是他一生与之建立起来最亲密关系的几个女性都矮得出奇。[1]

伊迪丝和奥利文一样，头一回见到沉闷寡言，像是总错穿了别人衣服的霭理士时，根本也燃不起力比多。至1890年，当她听说霭理士不久后即将来访时，恨不能回避。不巧的是她的用人腿脚不灵，无法跟她出行，才勉强留下，迎来了一生命运的转折。

霭理士在多年后的自传《我的一生》中不惜花费近一半的篇幅，详细描述他与伊迪丝不同寻常的婚姻。在一开篇的序言中他写道：丈夫公然谈论妻子往往有失体面，对于逝者保持沉默也许是最好的表达尊敬的方式，但基于他们这段婚姻标本对于性心理学的研究可能是最为详尽的一个示例，他请求妻子泉下之灵的谅解。当我们追寻这段奇异婚姻的诸多细节和本质基础时，会发现霭理士的这段铺陈绝非夸大的无稽之谈。他回忆起与伊迪丝的初识时写道："她让我想起了那种危险的新女性物种。我作为一个颓败的维多利亚男人有理由害怕。"[2]他的确有理由也应当感到害怕。约翰·斯图尔特说，"伊迪丝是那种在文

---

〔1〕Phyllis Grosskurth, *Havelock Ellis: A Biography* (New York: Alfred A. Knopf, 1980), p.155.

〔2〕Ernest Rhys, *Everyman Remembers* (London: J. M. Dent, 1931), p.47.

字中比生活中矮小的人"[1]，换句话说，生活中的伊迪丝比她著作中，或者他人回忆著述中要更光芒四射有魅力得多，她风暴般的亢奋激情和热情健谈，总在刚见面不到几分钟后就能赢得朋友的欣赏欢喜，尽管她的长相不过中人之姿（蔼理士从来不承认这一点），她极端娇小的身材让她乍一看还未成年。有一回她与蔼理士手挽手走在路上，一个陌生人挑衅地说把她当成了蔼理士的孙女，蔼理士则喜欢她"表情丰富的唇，袖珍的小手小脚，高傲的卷发的头颅，以及最关键的她那低沉的嗓音"[2]，不仅如此，他还将对老婆相貌的赞赏强加给身边的朋友们。一般来说，他是个对人无所要求的平和人，且对所有人敞开他没边没际的友谊大门，可自从结婚以后，他就很在意周边人对伊迪丝的态度。朋友们暗地里也有不道破的共识：蔼理士择友的唯一门槛，就是看朋友待伊迪丝够不够好。如果说蔼理士对奥利文是因为难爱，所以更爱，那么伊迪丝则是他接下来 25 年要面临的更大的难题。只是在开始阶段他似乎低估了问题的严重性，一心相信自己是掌控局面的理性主义者。

与伊迪丝交往不久后，蔼理士就去信向灵魂伴侣奥利文汇报了恋爱的进度。那时候奥利文已搬家搬到了千里之外，而蔼理士的情敌卡尔（Karl Pearson）彼时也早已结婚，奥利文与卡尔间始终是无果的暧昧。很快，奥利文就回信给蔼理士，鼓励

〔1〕John Stewart Collis，*Havelock Ellis：Artist of Life—A Study of His Life and Work*（New York：William Sloane Associates，1959），p.67.

〔2〕Phyllis Grosskurth，*Havelock Ellis：A Biography*（New York：Alfred A. Knopf，1980），p.155.

他与伊迪丝的关系更进一步。她毫不吝啬对伊迪丝的赞赏："我觉得她一定特别好，特别高贵，异常真诚直白。早先我在哪儿还读到过她的好文章。"[1]不过写完这封信，这个高贵的灵魂马上任性了："亲爱的，如果我会嫉妒起任何人，那么一定是你。你太属于我了，你怎么可以爱上别人。然而，我还是希望你结婚，亲爱的，你若遇到良人，没人会比我更为此感到快乐。"接下来的话，任性得有才："如果你有了孩子，你要劝服你妻子，用我的名字给宝贝命名。"[2]欧洲传统中常有用家族成员名字给新生儿命名的习惯。可见，奥利文已自诩为霭理士的家人。他们的旷世恋情也担得起这一称谓。在他们各自结婚 15 年以后，有一回远在非洲的奥利文听说霭理士身体抱恙，她写信道："如果我听说你得了严重疾病，我会即刻启程赶往英格兰，即便我要借钱凑差旅费，抑或我可能死在途中。"

这些通信以及对奥利文的旧情，霭理士亦无意向伊迪丝隐瞒。坦诚是他们婚姻内部最重要的条约。霭理士认为在婚姻中至关重要的是温柔、智慧和毫无束缚的理解。在很多方面，他俩的观点都一拍即合，用霭理士的话说，那是一种"直觉性的理解"，他们的婚姻由此摒除了激情，建立在一些抽象纯粹的原则之上。霭理士婚前给伊迪丝的一封长信中透露出双方对彼此都少有激情，这是一对曾经受伤的心灵不再相信一时的化学反

---

〔1〕S.C. Cronwright-Schreiner，eds.，*The Letters of Olive Schreiner*（London：T. Fisher Unwin，1924），p.197.

〔2〕Havelock Ellis，*My Life*（London：Heinemann，1939），p.200.

应，他们相信共同的理念比激情死得更慢。没有海誓山盟，只有双方死守的原则。霭理士和伊迪丝都渴望一种永久的联盟关系，也是伊迪丝率先签下了“你的亲密战友伊迪丝”的落款。而他们日后要面对的战争，突破了生理底线、道德底线，以及人类智力极限。

他们早早协议不要孩子，事实上他们结婚的这 25 年时间，也是霭理士最为多产的写作黄金期。伊迪丝的确信守了诺言，没有如凡俗女子般，用生计和一窝孩子来打扰霭理士完成使命。这对看似对彼此无所欲求的摩登夫妻，同时要求着绝对的坦诚、绝对的自由以及绝对的安全感，这三样绝对不可能相融合的东西。

当霭理士向伊迪丝坦承自己对奥利文的感情后，伊迪丝以令人吃惊的真诚回报给他一个大秘密——她向霭理士坦白了自己学生时代与女同学玩过的性游戏。奥利文早就总结出了霭理士理解并且热衷于一切的反常。而他只觉得少年时代同性之间的好奇探索无可厚非[1]，却似乎没有意识到问题的艰巨程度。关于霭理士婚前是否确切认识到未婚妻是同性恋这一点，学界一直有争论。1892 年 7 月伊迪丝在《种子时间》（*Seed-Time*）上发表的一篇文章似乎给出了答案。这篇伊迪丝首次以夫姓署名的文章标题赫然入目——“诚实婚姻”。这无疑暗示着他们是在全然了解彼此私密的情况下迈入的婚姻殿堂。霭理士的一些只言片语同时也佐证了这一暗示。他宣称：“我支持婚姻，同时

〔1〕Havelock Ellis，*My Life*（London：Heinemann，1939），p.263.

坚决地反对现行的法定婚姻形式。然而身体力行地坚持这一立场意味着消耗大量能量，而这些能量可以用在更有价值的事业上。我如今结婚，可以让双方从单身生活中退役……我结婚的对象全心全意支持我这些观点。在实践中放弃一个人的原则立场是恼人的，但至少有助于我解决一直盘桓我心的关于性的问题。”[1]最后一句话道出了霭理士步入婚姻的最深刻的心理动机。笔者相信，霭理士是在全然知道真相的情况下主动选择的伊迪丝，他理想主义者的浪漫可能让他对形势的严峻性估计不足，但他内心深处是乐意接受这一极限挑战的，甚至是非常亢奋的。

伟大的作家都是为自己的使命而活。霭理士满怀深情地描述起他和新婚妻子在查特雷塔（Chatelet）戏院一起听贝多芬交响曲的殊胜时刻。在赞美诗的圣乐中，他狂喜往返，深刻感到自己的新生活与自己在世上的使命和谐地融合在一起，伊迪丝婚后还常常回忆起那一刻她见到的他迷醉的脸庞[2]。霭理士全部的狂喜并不来自于他对婚后生活的向往，而是他一手创造的极端节制的婚姻开始为他的使命服务。他以绝对的理性，选择了一个绝对非理性的家庭。很难说，一个同性恋妻子对于丈夫霭理士而言是一场灾难，抑或，这个独特的女性对于毕生探索“性心理学”的霭理士恰是一把打开黑洞的钥匙。“性心理学”，作为一门如入永夜、被长久压抑、最古老又最新鲜的学问，一

〔1〕Havelock Ellis，*My Life*（London：Heinemann，1939），p.264.
〔2〕Havelock Ellis，*My Life*（London：Heinemann，1939），p.252.

方面集合了祖先身上早已有之的原始问题，另一方面又需要符合不断新陈代谢的新时代精神及与之相匹配的新人类的感观比例。如此一门包罗万象，同时又滞本塞源的学问的更新，需要的不止是多年的艰苦探索（霭理士耗尽一生精力完成了七卷本的《性心理学》），它的锤炼也如同干将莫邪剑的锻造，还需要甘心跳入火中牺牲的活生生的人肉药引。霭理士肉身献祭，供奉他一生唯一的一次婚姻，成为了文学使命的殉道者。

婚姻常常是天才的行刑场，所幸的是，在这场实验婚姻里，双方的才华和独立性完全没有被日常生活摧毁打败。伊迪丝对此是深以为豪的。她是一个自视甚高的女人，对于感情婚姻也有一番自己的见解。1861 年出生的伊迪丝，从未见过自己的生母，却终身崇拜母亲，走到哪里床头都摆放着镶有母亲年轻时照片的小相框。母亲生完她不久就去世了，她被父亲和祖父抚养长大。她没有像多数单亲女孩般产生恋父情结，反而走上了与此相反的另一个极端：她一直憎恨她的父亲。而她的祖父则符合那个年代欧洲流行的恶毒玩笑中“斯拉夫好丈夫”的标准：一喝醉就提着大刀满屋子追老婆。拔树寻根下来，这些童年记忆可能是导致伊迪丝日后性取向的根源。父亲和祖父的形象塑造了她世界观中“男性”的原型，让她对于异性有了先入为主的负面印象，且这印象犹如先天记忆般植入了她感观深处，改造了她的身心结构。母爱的缺失使得她在幻想中将母亲无限美化拔高，这种陌生化的永难满足的情感渴求，她日后只能在同性身上不断找寻。她的身体受到这股强烈渴求的牵引，在青春期开始了有别于普通女孩的逆旅。

布驰（Birch）医生曾给伊迪丝下过诊断书，强烈建议她不要孩子，反对她结婚。关于她性倒错的严重程度，布驰医生幽默地暗示道，他相信伊迪丝永远不会进精神病院，不过一旦她被送进去，这辈子就别想着能再出来了。[1]

在她和霭理士一手打造的、建立在纯粹理论基础上的纯粹婚姻形式里，没有掺杂任何经济因素，他们在婚后保持了AA制（在一些特殊情况下，她会向霭理士“借”一些钱）。至于二人的身体瓜葛，霭理士在他极端赤裸的自传中却隐去了一笔。倒是伊迪丝在早期写给霭理士的信中曾热烈地表示——你让我明白了男人可以何等美丽[2]。从外人的角度看来，这对在理论中燃烧的激进夫妻并不是分床而睡或干脆分居而眠——他们一直保有分别独立的居所。几乎成为了一条婚姻内部不成文的规定：冬天他们一般在科沃（Cornwall）一起度过，夏天他们则会去哈斯勒密尔（Haslemere）。一年中的其余时候两人各住各家。婚后第一年，他们同住一个屋檐下的时间大约有半年，尽管随着时间流逝，同居时间逐年递减，直至彻底有名无实。[3]

精力丰沛的伊迪丝置办起了林间小屋，一度还打造了自己的农场，养马、猪、驴、鸭、狗、猫。霭理士也由此养成了终身在户外写作的习惯。大不列颠潮湿且浸透海水气味的空气渗

〔1〕Phyllis Grosskurth, *Havelock Ellis: A Biography*（New York: Alfred A. Knopf, 1980）, p.144.
〔2〕Havelock Ellis, *My Life*（London: Heinemann, 1939）, p.256.
〔3〕Phyllis Grosskurth, *Havelock Ellis: A Biography*（New York: Alfred A. Knopf, 1980）, p.149.

入他的文字中，他格外喜欢晒着太阳写字，视野开阔，博洽多闻，不拒绝任何自然元素进入到自己的写作中。“风和日丽”大约是后世对他文学风格最精准的概括。伊迪丝也在这期间声望日起，热衷于四处演讲布道。他们的相处模式不像夫妻，倒更像家长和孩子。至于究竟谁扮演家长谁扮演孩子，则视情况变化随时进行角色交换。在过去的近一百年里，欧洲的霭理士研究者们锲而不舍孜孜探求，到底在多大程度上伊迪丝尽了人妻之责。研究者们认为，这对夫妻的床帏之迷，对于性心理学大师的人生历程和思想根源是尤为重要的。霭理士专家伯纳德·德沃托作过较为合理的推断分析：“他们只能以孩子的方式相处……他们的性爱就是孩童游戏，他们的温柔是两个孩子对彼此挽留了彼得·潘的互相感激，他们中任何一个能达到的最高成熟，就是幻想扮成另一个母亲。他们结成联盟，拒绝可怖的长大。”[1]他们共同为二人世界立法，尝试制定各种新鲜的规则。温柔的哄骗、甜蜜的闹剧都灌注进这场婚姻幻象。伊迪丝一遍遍请求霭理士“爱我的缺点”而不是爱我的优点[2]，她野马般的暴脾气时不时要发作一番，事后二人充满安慰的和解，则像苦难过后的福报，一点甜蜜足够刻骨铭心。深刻的压抑与刺激的冒险不断交替，对于庸碌人生而言，确是迷人的毒药。

婚后不久，伊迪丝向霭理士坦白自己爱上了克莱尔姑娘。

---

〔1〕Bernard DeVoto，“Widower's House”，in *The Saturday Review of Literature*，4Nov，1939.

〔2〕Havelock Ellis，*My Life*（London：Heinemann，1939），p.257.

克莱尔得知后，忍俊不禁道："你俩还真是一对奇葩！"[1]霭理士的传记作家菲利斯（Phyllis Grosskurth）对这位无限宽容的丈夫曾有过精辟的评价："霭理士虽说从未以神人自居，却也从没自视为一个普普通通的丈夫。"[2]他相信他与伊迪丝之间的爱是独特且深邃的，他们共赴的险旅，无疑是对平庸的大胆挑衅和对日常的极端反叛。尽管开头时平淡且缺乏激情，但随着恩爱渐深情义日笃，霭理士对伊迪丝超越世俗界限的无比包容，令伊迪丝自己都感慨"超越了她的理解"[3]。他可能将妻子作为了自己探索性心理学最好的活体标本和通往捷径的密钥，然而从情感上，他似乎一天都没有真正将妻子定义为女同——伊迪丝在他那里永远只是"女人""男孩""幼儿"。他研究性倒错，为那个时代的同性恋者争取合法权益提供了最有力的理论支持和最悲悯的理解同情，可他一刻也没有勇气直接承认自己的屋内人是货真价实的同性恋。大概他认为那对于她太过苛刻了，她只不过是一个"男孩"。噢，男孩！霭理士能理解"男孩"伊迪丝对美女克莱尔的爱慕，却也忍不住会因为"女人"伊迪丝对自己爱的减少而生闷气，可是他又能和一个"幼儿"计较什么呢！吃醋过后，他又写信忏悔自己的量小，这种时候，他自己又变成了那个急于抓住乳房在母亲怀中求得安慰的小儿。他一手打造了这极端残酷的情感炼狱，也正是这炼狱铸造了透

〔1〕Havelock Ellis，*My Life*（London：Heinemann，1939），p.265.

〔2〕Phyllis Grosskurth，*Havelock Ellis*：*A Biography*（New York：Alfred A. Knopf，1980），p.154.

〔3〕Havelock Ellis，*My Life*（London：Heinemann，1939），p.265.

彻世间奇情虐恋和复杂情感肌质的丰富心灵，最终锻造出一个“理解的天才”，据说比较起各种数学天才、语言天才、运动天才……那隶属于世上最罕见的天才类别。

面对异性情敌克莱尔，霭理士只能自嘲“爱是滑稽的，我是滑稽的”，最后落款“你的讨厌的不理智的然而荒唐地爱着你的丈夫”[1]。

羽毛床替补

在科学领域，一个伟大的定律从来都不是灵光一闪。它需要科学家耗尽毕生精力观测、实验，提出理论，再检验复核、修改、放弃，之后又以新鲜理论转而代之，那真是“魔鬼干的活儿”。在爱情领域，同样别无二致。霭理士以一种邪教徒般的热情奋不顾身投入他的婚姻实验，在最狭小亦最复杂的帐帏之中，追求其“立宪理想”——在婚姻肇始之际为两人世界立法，婚后如同尊重宪法般，严格恪守他们之间的原则条例。这场婚恋实验中的种种变故、复合、矫正、拆离，成为耗尽他心血的魔鬼考验。

在克莱尔之后，伊迪丝疯狂地爱慕上了小美人儿莉莉。伊迪丝对她简直是崇拜加溺爱，霭理士对此只能冷眼相看，他不

[1] Havelock Ellis，*My Life*（London：Heinemann，1939），p.267.

再暴怒，不再无助，用他自己的话说，他的嫉妒已被克莱尔花光了。小可怜儿莉莉不幸早夭，然而死亡并不能让这个情敌退场，她昙花一现的记忆从此占据了伊迪丝最隐秘深情的精神家园。霭理士过去不能阻挡她疯狂爱上莉莉的肉体，现在更无法阻止她癫狂爱着与莉莉一起的回忆了。她开始相信神秘主义的通灵传递，试着通过“降灵会”与另一个世界的莉莉取得通讯。她为她写下天真炽烈又缠绵悱恻的情诗；她在她死后多年仍如祥林嫂般絮叨关于她的往事；她临终前最后的嗓音用来呼唤她的名字……

多年以后，霭理士在《我的一生》里刻意回避了伊迪丝临死的一幕，大概他内心永难接受这一现实。他跳过了伊迪丝对莉莉的呼喊，沉溺于伊迪丝留给他的最后的纪念品：他整理爱妻遗物时偶然翻到了一张小字条，研究者认为那可能是伊迪丝最后的笔迹。在这张题为《阅读霭理士》的小纸片上，伊迪丝写道：“许多年前——大约二十八年吧——当我第一次阅读到《新精神》时，我就知道我爱这本书的作者……今天，读着《随感录》，我意识到，写下这两本书的这个男人值得爱，值得原谅，值得永恒的同志情谊。不论路途如何漫长，这个精致的灵魂一直锻造着美，我们当中不是个把，而是许多人，都是以血代墨。”[1]

至此我们看到，这场惊世骇俗的婚恋实验虽然摩登，却并非追求新鲜刺激的狂欢糜烂，相反，它拷打着爱欲的节制与宽

---

〔1〕Phyllis Grosskurth, *Havelock Ellis: A Biography* (New York: Alfred A. Knopf, 1980), p.271.

容的边界。它是两个超高智商的知识分子的超人实验——在婚恋中成圣成仁。为此，他们必须隐修苦行，不仅克服身体不满，人之大欲，更要忍耐愤怒、嫉妒、仇恨、冷漠、疏离。在经过了双方无数次背叛之后，决不可背叛的是当初立下的“宪法”，这是他们不同凡响的爱。如果以一套陈腐道德来对他们的生活方式妄加裁决，嗤之以鼻，只能说明，视野的宽度决定了道德的度量衡。凡人有凡人的纪律，超人有超人的法度，最重要的是恪守其责，依法行事。道德法令也如肉体一般，随着时空推移，新陈代谢。

只是，比较起这个温顺的丈夫，这法则的严苛和实验的苦果，对于伊迪丝而言更难吞咽。她对于寂寞有着极端的过敏。和奥利文不同，她喜欢被人群包围（随着她事业走红，她渐渐有了大量拥趸），她又格外害怕一个人度过漫漫长夜。当她搬到哈斯勒密尔的平房以后，她发现身边一个朋友都不在。按照他俩的协约，霭理士与她各自保留足够的独立空间：她喜欢在家接待访客，霭理士则每周规律性地要在大英图书馆阅览室里消磨两三天，晚间听听讲座或音乐会。丈夫不能与她长相厮守。这时霭理士提出来一个折中的解决方案：他建议邀请他多年知交巴克（Barker Smith）的女儿梅梅搬来哈斯勒密尔陪伴伊迪丝一小段时间。这个时值 24 岁的温柔淑女无意间搅进了这盘规则诡异的夫妻棋局，她与霭理士的一个吻，险些引发伊迪丝破戒出局。当霭理士本着他们永远透明的约定向妻子坦诚招供时，伊迪丝横眉怒目不能自持，她没有霭理士的忍耐与气度。她暴烈的举止反过来刺激了霭理士，他想到双方并未同等公平地遵循协议的原则：当伊迪丝出轨时，他总是反求诸己，检讨自己的狭隘荒唐；如今伊迪丝却揪住一个吻不放。他在回忆文章中说，假使当初伊迪丝表现得稍加克制，他对梅梅的感觉可能就迅速消弭。然而伊迪丝嫉妒的火焰大大地助长了丈夫对梅梅的亲密行径，一个单纯的吻最终演变为持续 15 年的地下幽会。梅梅的父亲，也即霭理士的老哥们儿巴克担心丑闻外扬，不得不将女儿送去遥远的比利时。可梅梅总能想方设法回到英国，住到霭理士目力所及之处。即便在梅梅嫁人以后，他们的亲热也未曾冷却。霭理士动笔撰写回忆录之时，梅梅和她的丈夫尚在人间，他因此隐去了名字和诸多细节。霭理士去世之后，梅梅作为其文学代理，又擅自焚毁了他们之间的所有通信。如今留存下来的为数稀少的关于梅梅的记载，多来自间接材料，呈现出相互矛盾的模糊面目。这些相悖相反的描述，多半是记述者自身情愫的反射。至于梅梅究竟何许人也，似乎已不再重要。研究者们发现，“霭理士形容她是甜蜜、温和、柔韧的。伊迪丝却指责她太过肤浅，无法融入他们知识分子的生活，霭理士最后一位伴侣弗朗克丝则将她刻画得凶恶且占有欲强”。菲利斯最后总结道，不管怎样，有一点是不可质疑的，在霭理士与伊迪丝夫妻生活不和谐的那些年里，梅梅起码给大师奉上了一张安慰的温柔羽毛床[1]。伊迪丝毕竟不是悍妇俗女，发飙以后还

〔1〕Phyllis Grosskurth, *Havelock Ellis: A Biography* (New York: Alfred A. Knopf, 1980), p.212.

是决定恪守她发下的誓言，试着回报给霭理士同等的自由。在即将动身去伦敦前夕，伊迪丝闻悉梅梅即将搬来与自己丈夫同住，这一次她死守自由契约，敞开门户："所有活着并思考的人，都会在爱情里要求彼此的真心：要的越多，会招致越多的欺瞒、疏离和不幸。我是在被梅梅沉重打击之后才得到的这一结论，以后我不会再被打击了。做你想做的事情——随心所欲，不要觉得你非得获得我的理解。我什么都不会问，我们都有真正意义上的自由——自由地去尊重和爱对方的爱，自由地信任我们自己的爱，无论发生任何事……这是我们所拥有的最好的一面，作为一个爱你的女人，我将其当作一件礼物送给你。"[1]作为回礼，霭理士答应在梅梅跟前绝不提伊迪丝一个字，15 年间，他确实用缄口不语表达了对妻子的忠诚与尊重。然而，更为深重的打击正在命运尽头等着伊迪丝。

伊迪丝渐渐倦怠于突破自身的性取向，这对夫妻已有经年未行夫妻之事了。梅梅事件从一次恶作剧的报复，逐渐发展为超稳定的伴侣关系。梅梅的追求者甚至雇佣了私家侦探公司对霭理士进行跟踪。伊迪丝此时已接受了梅梅的登堂入户，且时常在来信中写上几句祝福关心的客套话。这段从最开始就毫无激情，缺乏化学基础的婚姻，至此走上一条鲜有前人到达的荒山野径——他们之间的夫妻之情非但没有减少，反倒逐步生出了先前未有的激情。霭理士论述道："我知道这几乎是个铁

〔1〕Havelock Ellis，*My Life*（London：Heinemann，1939），p.289.

律——通常情形下，婚后数年，夫妻之间的激情会逐步死灭，转化为平静的友谊，或冷酷的漠然，或者更糟的东西。然而在我们这里，真爱（而非激情）从未对这些事物妥协。相反，它还在生长；它生长成了激情——更多程度上是一种灵魂的激情（虽说对肉体亲密的渴望也涵盖其中）……与伊迪丝的生活给我的最大启发是，即使狭义的肉体欢愉结束了，最深刻的爱的激情（不仅仅是喜欢）仍然可以存在，且持续生长……”[1]

这个温纯如一只大鸽子的中年男人，在他永远平和、缓慢、诚实、风和日丽、缺乏热力的外表之下，却蕴藏着炽烈的激情——南非作家库切所言“反正诗歌并不是用热情写出来的，兰波并不热情，波德莱尔并不热情，不错，确实，当需要的时候需要的是炽热，炽热的生活炽热的爱情”。那同时是高度智力化的一种激情，在不疾不徐的文字之下，屏息凝神，收敛住自己浅表的感情，然而暗流涌动，风平浪静的海面之下孕育着至为反叛的摧毁现有价值体系和道德堤坝的洪水猛兽。

这对足以加入“高智商俱乐部”和“冒险者乐园”的夫妇时常约会的地点有大英博物馆、音乐厅、国王十字地铁站，他们彼此独立的同时，密切协作着共同的事业——创造通向高尚自由生活的种种可能。那些年里，伊迪丝专心写她的小说集《不朽的翅膀》，日渐成为当时颇具影响力的公众知识分子，年轻人奉她为“未来文明的明灯”。她在各个沙龙讲坛讲述由詹姆

〔1〕Havelock Ellis，*My Life*（London：Heinemann，1939），p.292.

斯·欣顿，奥利文，爱德华·卡朋特以及她的丈夫霭理士这群知识分子构建起来的在当时极为活跃的知识圈，讲他们的思想、著述，以及戏剧性的、风暴般的人生。她同时也公然以朝圣者的姿态，谈论同性恋问题，并大胆地陈述同性之爱引向的可能是更为高贵、智性及自由的生活，这些言论即便对于那些“优生协会”里最前卫的年轻人，都仍显得过于激进。所以在一次激进的讲演之后，“优生协会”再未向她发出过邀请[1]。然而，她激进的观点和坦荡的言辞，在大洋彼岸的美利坚却受到了热情追捧。1914 年初伊迪丝收到了来自美国的数场演说邀请。她原本生性喜欢被人群簇拥，加上那段时间她债务累累——她与霭理士在 1912 年 8 月一同搬入伍德佩克（Wood Pecker）庄园。伊迪丝喜欢打造家居装潢，她居家的精致一直是霭理士所欣赏的。伍德佩克庄园在她的一手打造下俨然优雅贵气，霭理士可以坐在花园里一棵可爱的核桃树下看书写作，伊迪丝则在他们漂亮的会客厅里呼朋唤友。然而这一切实在大大超出了他们的实际财力，到后来他们不得不招揽租客出租庄园里的房间，再到后来用人们被一一遣散，最后他们不得不把房产统统卖掉，各自搬回廉价的小公寓。事实上，伊迪丝买下庄园之前就已债务缠身，她向来擅长在负资产的经济状况下保持她慷慨的风度和对生活格调的追求。她先后在科沃和摩尔（Moor）倒腾房产。早在几年前，霭理士迁入博顿（Birxton）的一间公寓时，伊迪

[1] Phyllis Grosskurth, *Havelock Ellis: A Biography* (New York: Alfred A. Knopf, 1980), p.238.

丝的遗产就已被耗尽，但她倒房的热情仍未消弭。至1909年，她的财政状况已濒临崩盘，她写信恳求霭理士将博顿公寓的一间房间以每月10英镑的价格出租给她，并令人哑然地写道："如果你觉得15镑更为公平的话，我觉得我可以出每月12英镑……"后来霭理士当真以每月10英镑的价格把房间出租给她，然而终难忍受同居对彼此私人空间的过多干扰，回归到大家更为舒服的分居状态。1914年，伊迪丝远渡重洋赴美国演说，口袋里仅揣着区区10英镑，她幻想着这一趟跨洋演讲收获名声与金钱的双重厚利。她远超常人的旺盛精力和对虚荣的热烈渴慕，支撑着她迅速衰朽风雨飘摇的身体。就在前一年的秋季，在他们时常约会的街道，地铁站边的林荫道上，她告诉了霭理士自己被诊断患有糖尿病。适逢丹麦学者W.L.约翰森于10年前首次提出了"基因"这一名词，而胰岛素当年尚未被发现，被认为属遗传疾病的糖尿病尚在绝症行列，患者只能寄希望于遥不可及的基因破译。伊迪丝决心毫不节约，将她剩余的所有光热挥霍殆尽。知道来日不多，她更为凶猛地使用自己。在美利坚，她"达到了自己的全盛"[1]。

伊迪丝前脚刚离开英国，祸不旋踵，梅梅后脚就赶赴东安格利亚（East Anglia）与霭理士约会。此时他们已纷纷迈入日趋败落的中年，幽会不再如年轻时那样充满冒险与犯忌的情色意味。他们在宾馆订下两间单间，如老夫老妻般度过温煦的重

〔1〕Havelock Ellis，*My Life*（London：Heinemann，1939），p.433.

聚时光。然而“嫉妒”不用吃饭、睡觉，更不会变老。梅梅与伊迪丝两人表面上和平相处、互致问候，作为最忠实的“同盟”的伊迪丝，甚至不时写信嘱咐靄理士照顾好梅梅，然而内里已斗得肠穿肚烂。至伊迪丝抱着病躯回到英国时，这戏剧性的事件发展到了极端的一幕。

当伊迪丝几近卧床不起之时，梅梅欣然造访，靄理士对其宠爱有加，且并不避讳伊迪丝怒而不发的怨忿。梅梅则如新女主人般，雍然自得地享受着胜利和温柔的款待。有那么一回，伊迪丝无助地躺在病榻之上，梅梅与靄理士明目张胆地在门后约会。疯狂的伊迪丝吞下一把吗啡。及至靄理士回到房间，她向他坦白了自己的自杀行为，最后不得不以洗胃收场。可就在伊迪丝自杀未遂不久，靄理士与梅梅一同打包出发去往萨默塞特（Somerset），那也是他们人生的最后一次幽会，梅梅彼时已经答应嫁给一个追求她多时的苏格兰鳏夫。在浮萍浪影四下飘零年华尽失之后，这个侍奉了靄理士半生的曾经的美人，终于痛下决心从这段暗无天日的感情中出走，认真在世上寻找一个落脚点。

伊迪丝则渐渐病至疯狂，像一个失去了母亲的婴儿，叉着手臂无助地大声嚎哭，她刺耳的哭嚎最终令所有朋友失去了同情与耐心。诚如她从美国给丈夫寄来的一封信中引用的王尔德的句子“每个男人都会杀掉他的心爱之人”，这位女权悍将，最终被心中的爱所杀害。

女叛军

　　霭理士一生倾心于罗素式的自我拷打、奥古斯汀式的自我泯灭、卡萨诺瓦式的道德冒险。他在自传《我的一生》中坦诚记录了自己一生的“内心生活”，并将此作为他“最重要的工作”。某种意义上，他的妻子、他的婚姻、他一生的情爱纠葛都是他自己的研究样品和文学作品。在自传《我的一生》中，霭理士汲取先贤的勇气与坦荡，极尽其能地不加粉饰敷衍，然而有一个女人的名字却从他的自传中被彻底抹去了，可能她火线般的出现与撤退彻底打乱了这位精密的性心理学家严谨可控的研究计划与实验流程。

　　1914 年初冬，霭理士收到一封来自美国的陌生女人的来信，这一次，写信的不是向他倾诉苦闷、寻求人生指引，或袒露心声、请求他解释梦境的女性崇拜者。事实上，霭理士从中年起就受到女性阅读者的异常追捧，至晚年已拥有了数目吓人的女性拥趸，“女人们无法抗拒来自于这一圣父与肉欲农牧神结合体的诱惑”。然而这一回，伊迪丝的警觉没有错——和丈夫笔谈正酣的可不是像梅梅那样的无名之辈。玛格丽特·桑格，一个在“丑闻、危险、牢狱之灾中冒险闯荡的女人”，周身裹挟着流言、官司以及有如魔鬼驱动的永不止歇的激情。她在霭理士的自传中被彻底删除，这并不妨碍她的大名赫然出现在任何一册女权主义运动史的教科书上。我们今日所熟见的“计划生育”（family planning）和“避孕”（birth control）二词就是由她所创。如今，去民政局领证登记的小夫妻们，会在婚姻注册柜台面无羞怯、老练不屑地接过工作人员递来的“大礼包”：里面包含全套孕育健康指南、新婚性健康指南、完全避孕宝典以及免费发放的避孕药具，大礼包的包装袋上还时不时出现“见义勇为、文明社区”的官方字样。然而，仅仅不到一百年前，“避孕”与“节育”还是违反国家法律的“猥亵犯罪”与违悖神圣宗教的“异端邪说”。1873年3月2日，美国国会通过了《康斯托克法》(Comstock Law)，明令禁止向美国母亲们传授避孕知识，并将一切避孕信息定位为“淫秽材料”。直至1960年口服避孕药在美国获得批准，女性才第一次对自己的身体获得基本投票权。在这场漫长的对女性自己身体的收复战役中，玛格丽特·桑格是当之无愧的先驱。她提出，文明的进步包括了人对自己身体的了解，并用宗教本身来驳斥社会对女性自主性的不信任。

刚过完30岁生日的玛格丽特，已身负9条罪状，且面临高达45年的监禁。在此之前，她就因“用公共邮政传递关于避孕和堕胎的资料”的罪名被强制劳教30天，她在纽约布鲁克林开办的全美第一家计划生育诊所开业10天即遭查封。在面临更严峻的指控之际，她不顾律师的劝解说项，抛夫弃子干革命，一路越过国界线逃窜到加拿大。没有护照，没有身份，化名贝尔萨（Bertha Watson）的玛格丽特用她传教士般的不懈信仰和她自身充满热力的人格魅力，迅速在伦敦赢得了朋友和声援。想想那些顺理成章接过“大礼包”的小夫妻们，今日女性所享受的这些“顺理成章”背后都蕴含着近乎荒谬的历史代价。

玛格丽特为这场生育圣战付出的牺牲远不止遭遇牢狱之灾，她不久以后甚至失去了自己的孩子。霭理士在给她的第一封回信中就毫不隐晦自己对愚蠢同类的失望，人类对于各种简单人道且必要的新观念的凶狠敌意令他困惑，而年轻高雅的玛格丽特却令他燃起了激情之火。在他们第一次见面不久，向来节制的霭理士就嗑下了爱情的迷药，他去信中貌似理性的陈述已无法掩饰一颗在爱的征程上屡战屡败的破败之心的垂死迷狂。他写道："激情很可能属于一种毁灭性的事物，激情对工作绝对有损害，它让所有工作看起来都不值一提。不止于此，激情往往被赋予了错误的对象……"玛格丽特会是一个错误的对象吗？起码，对于当时身患绝症远在美利坚的伊迪丝而言，她的出现具有毁灭性的影响。焦躁绝望的伊迪丝多番来信恳求丈夫来探望她，然而彼时的霭理士却同样焦躁地等待着玛格丽特与她的新欢（一个西班牙无政府主义者）从巴塞罗那归来。他不能离开伦敦去与妻子团聚，他得守在与玛格丽特时常约会的维多利亚火车站，他想要"整个吃掉她"[1]。他的整个 1914 年交织在"苍白的忧郁与春风洋溢的光环之中"[2]，对伊迪丝的歉疚并不能阻止或败坏他兴致高昂的激情。他终身批判激情，然而更多人甚至终身不知激情为何物。他与伊迪丝在婚礼之日发下了唯一的誓言，伊迪丝形容那是属于"明日恋人"的誓言：他们承诺永

〔1〕Margaret Sanger Papers，21 April 1921，in Library of Congress.

〔2〕Havelock Ellis，*Fountain of Life*（Boston：Houghton Mifflin，1930），p.205.

远不会探测对方的生活。当伊迪丝在遥远的美利坚为三人（她，她的丈夫以及玛格丽特）孱弱地举起酒杯之际，霭理士正狼吞虎咽新的恋情。

1915 年的新年午夜，霭理士与玛格丽特以一个“午夜之吻”开始了新的一年，开启了绝望旅程中的希望之旅。不久，玛格丽特就频频邀请当时已德高望重的霭理士支援她倾注一生的计划生育事业。她的母亲一辈子孕育了 18 个孩子，那副不断隆起又瘪下、进进又出出的用坏了的破皮囊最终被拖垮倒下，她被疲惫孕育所杀害的身躯，变成了纠缠驱动女儿奋斗一生的阴魂。玛格丽特不会在一个男人身上长久地停留，她热烈绝望地活在自己的使命里，“像被放逐到了一个迄今从未被梦到过的新世界”[1]。

早在 1914 年 3 月，玛格丽特就创办了《女叛军》（*The Woman Rebel*）杂志，向女性传授避孕知识，此后她又创办《计划生育评论》（*Family Limitation*），教育大众“孩子可是个珍贵的奢侈品”，不是每个人都能够支付得起。曾专门写过一本《欧洲的天才》探讨人类科学的霭理士，对于“优生学”向来有着青睐，他为《计划生育评论》撰写长文，阐述计划生育不仅有助于抑制人口的过度增长，更重要的是它有助于培育出更为健全的民族人种。不过，对于“计划生育”这一话题，霭理士的话很快说尽，此后玛格丽特多次邀约霭理士发表看法，均遭婉

〔1〕Sanger Margaret，*An Autobiography*（London：Victor Gollancz，1939），p.132.

拒。似乎没有人能够逼迫他做任何他不情愿的事。玛格丽特不行，伊迪丝也不行。伊迪丝回到英国后数番劝说丈夫与自己同行前往埃克斯（Aix），1902 年时伊迪丝曾在那里恢复了健康，因此她迷信重回埃克斯会使她枯木焕春，然而霭理士无动于衷。在无计可施之时，伊迪丝求助于奥利文，请奥利文出面劝说，然而这个自由的灵魂冷静地回话道："他不应当被强迫做任何他不情愿的事情。"

伊迪丝的情绪与胸襟貌似跟随着她病情的反复而不断变换。不久之前，她还衷心欢迎玛格丽特前来同住，并声称自己将"退至一角"[1]。她誓与玛格丽特结成莫逆，为了与玛格丽特会面，她重金订下了一间豪华餐厅，然而留给玛格丽特的印象却是一个"极端自私、无比苛求的女人"。及至她神经衰弱幻象四起，她开始恶作剧地在朋友们面前公然谈论霭理士那些难为情的隐私。医生建议霭理士将她送进精神病院，这让她产生了更可怕的受害臆想症。霭理士一度对玛格丽特倾诉道："我有一种感觉，伊迪丝就像是我的孩子。想到要失去她，我不知道会发生什么……"[2]短暂的照顾之后，霭理士再度放弃了作为丈夫的责任。尊严丧尽的伊迪丝这一次收拾起了她无助的哭嚎，捡起她最后的骄傲，她要求彻底的剥离——离婚。多数研究者将伊迪丝最终的反抗认定为一场无谓的报复。对此，笔者并不认

〔1〕Havelock Ellis，*My Life*（London：Heinemann，1939），p.411.

〔2〕Margaret Sanger Papers，2 April 1916，in Library of Congress.

同。在他们的离婚约定中，伊迪丝坚持加上一条："霭理士对她的债务概不负责。"离婚，是为了让丈夫在她死后摆脱高额的债务纠缠。他们 25 年的婚姻平静完结，然而一切都没有改变，伊迪丝离婚后仍佩戴着结婚戒指，他们仍像空气一样无时无刻不存在于彼此的生命里。"美好的爱情不是爱情，而是智慧和道德。"（木心语）

伊迪丝在迈达山谷（Maida Vale）租下了一间公寓，其中有一间卧室空着，永远为霭理士存留。她竭力抓住生命火焰的最后一缕，疯狂地工作。埃克斯公寓的客厅已被她改造成演讲报告厅，她多次邀约霭理士来作讲演，尽管她明白他不会答应。就在这间不大的公寓里，她成立了自己的"三叶草出版社"（Shamrock Press），最主要的印刷产品是她自己的短篇小说集《我的康沃尔郡邻居》（*My Cornish Neighbours*）。她的求生意志是如此之强，她甚至雇佣了一批演艺人员，决心开办自己的电影工厂。然而，她终究火烬灯熄，热力燃尽。

1916 年 9 月的一个星期天上午，霭理士去探望病中的伊迪丝，她还兴致勃勃谈论重去美利坚的计划。临别时，她怕传染不让霭理士吻她的嘴唇，霭理士拉过她苍白的手背亲了一亲。待他周二接到病危通知，再次赶到迈达山谷时，伊迪丝已陷入了深度昏迷。手背上的那一吻，成为了他们的最后一吻，他们一生的情爱实验最终定格在了这个"同志之吻"上。

在亲眼送走生命中第一个重要的女人——母亲之后，霭理士人生中第二次，也是最后一次哄一个女人入死。

早在伊迪丝驶往美利坚的大船之锚斩断以前，她已备好了数封信件留给邮差。这些提前写好的信件左上方一一备注了不同的寄送日期，邮差将按照指定顺序妥善无误地依次寄出，以确保她在海上航行的短暂失联期间，丈夫可以每隔两日收到来自妻子的问候，不至独饮孤独。没有了物理性的身体吸引，他们的化学作用却并未失效。她的爱马不停蹄。多年以后，她早已不在人间，霭理士才有勇气揭下那些陈年邮票，邮票之下标注日期的熟悉笔迹仍依稀可辨。他涕泪交纵。伊迪丝戏剧化的人生直至她死后多年也仍在她的预演中推进——诚如那些预先巧妙编注日期的短笺，在她离世之后，一封封掘开爱人的心坟。

被分享的暮年

希腊悲剧的天才在于，它从一开始就接受且乐于呈现矛盾与冲突，并欣然领会人生绝没有出路。伊迪丝去世以后，霭理士度过了被众多女性分享的晚年。他拒绝为任何人写序，拒绝出任公职，拒绝参与公共政治，却从不曾拒绝任何一封来自欧洲或遥远美洲的妇女来信。每天都有数量庞大的新鲜的痛苦向他涌来，等他施以援手。女人们苦闷的独白、隐秘的梦境、私藏的裸照、哭泣的灵魂，纷纷扑向他广阔的胸襟——在那片开放的墓地，男人和女人间永恒的战争被自然所拥抱，获得片刻安宁。

女人是霭理士一生钻研的科目。他至死热爱女性，尤其是“困难的”女性。他晚年曾在情书中，如一个爱情里的堂吉诃德般表白：“正是你提供的难题，让你完美。我从未爱上过一个简单的女性。”[1]弗朗克丝，一个将自己的全部梦境贡献给霭理士的女人，成为了他的最后一桩事业和标本。霭理士那些叫板弗洛伊德的有关梦境的著述，很多素材都来自这一位他人生最后的守护者。他们毫不逊色的故事，又是另一番话题，本文不再涉及。1929年初，玛格丽特·桑格写信给弗朗克丝道：“我希望把你作为生日礼物送给亲爱的霭理士。”她建议弗朗克丝辞掉自己的工作，而她将担负起她损失的全部薪资，这样弗朗克丝便可全情投入照顾年事已高的霭理士。

弗朗克丝欣然接受了这份赠礼。暮年的霭理士，在这位带着两个儿子的法国女人的陪伴下，不辍地进行人类情感内在构成及其本质的探索。最终霭理士也没能给予她婚姻。如同一位怀特博士（Dr. Wright）观察到的那样，他眼中的冷酷正是他人格中真正的天使。他去世以后的声名湮灭，与二战后“优生学”被集体驱逐出学术圣殿有莫大的关联。作为鼓吹“优生学”的悍将旗手，霭理士信仰“创造最好的个体，以创造最好的文明”。他晚年对种族惨案置若罔闻，并不反对将艺术审美与政治生活结合在一起，于纳粹有某种意义上的默许。霭理士于1939年走

[1] 此为霭理士写于1928年6月21日的情书。首见于1931年巴黎时光出版社（the Hours Press）出版的 *The Revaluation of Obscenity*，后收录于1931年伦敦警察出版社（the Constable）出版的 *More Essays of Love and Virtue*。

完自己的旅程，结束了一种美学生命，抑或辉煌人生的强烈的尝试，并未亲眼看到法西斯制造的人间惨剧。

“每一条路都可以深入世界的神圣神秘”，同样，每一条罪行亦是通往秘境的幽深巷道。当审美情绪集体噤声，我们首先应当讨论的是艺术的终结。

尼采曾言：“世界并非围绕着新的喧闹的创造者旋转，而是围绕着新的价值的创造者旋转，它悄无声息地旋转。”在霭理士身后的一百年里，我们对于性的道德、性的评判、性的审美以及情感、婚姻、家庭、男性、女性的看法，已如日晷上的光线，在不知不觉之中发生了巨大的位移。更多更为敏感、更难撼动的价值标准，亦已发生了难以察觉的重大旋转——只是这旋转更为迟缓。

附录 1

霭理士译介史

民国时期霭理士的译介及传播

1 民国时期霭理士著作翻译出版的初步统计

1944年，周作人发表《我的杂学》一文，此文共分十八个标题，堪称周作人的十八般兵器，计有：非正轨的汉文，非正宗的古书，非正统的儒家，欧洲文学，希腊神话，神话学，文化人类学，生物学，儿童学，性心理学，霭理斯的思想，医学史与妖术史，日本的乡土研究，写真集和浮世绘，川柳、落语、滑稽本，俗曲、童谣、玩具图，外文与译书，佛经与戒律。[1]杂学是周作人终生的读书追求，他曾言“思想宜杂，杂则不至于执一”[2]。作为自始至终的自由主义者，周作人如数家珍般一一开列他喜欢的书，甚至“只足供给要攻击我的人，知悉我的据点所在，用作进攻的参考与准备”[3]。由此戏谑的话，足见他对文章和学问的看法，乃至诚最爱，谋生仅仅是捎带着的事情了。

在其开列的杂学清单中，“霭理斯的思想”赫然在列。事实上，十八种杂学中的“文化人类学”“医学史与妖术史”“儿童

〔1〕周作人:《我的杂学》,《古今》1944年第51期。

〔2〕周作人:《杂文的路》，钟叔河编《周作人文类编》(三)，长沙：湖南文艺出版社，1998年，第682页。

〔3〕周作人:《我的杂学》,《古今》1944年第51期。

学”“生物学”“性心理学”等超过三分之一的内容都与霭理士直接相关，称霭理士为周作人最重要的精神导师毫不为过，周作人本人同时也是霭理士最重要的中文译者。

民国时期，拜于霭理士麾下的远不止周作人一人。由于霭理士思想的跨界驳杂，其在文学界、思想界、科学界都不乏拥趸。霭理士每一本新作的出版，都会在中国的知识界掀起一定的反响，如《性心理学》初版于1933年，潘光旦于1939年即开始翻译。1935年，《世界知识》杂志刊登新闻拾遗，介绍霭理士的新作《论战争与战争的本能》，并概括了大意：“战争是社会的事件，我们要考察战事在人类进化史上的地位，才能完全了解战争的意义。这种考察和认识是必需的，但这在许多所谓有教养的人们倒反缺乏，真是奇怪。不久以前，鲍尔温在英国下院里宣称，‘战争的本能’是人类本性中最基本的一个，它和生殖的本能并列为人类的两大本能，都是为了保卫种族。”[1]纵观民国时期，霭理士的思想在暗流中涌动着，对于他的译介虽不比弗洛伊德，但皆出自高人之手，颇可圈可点。

因翻译不统一，霭理士（Havelock Ellis）的译名在民国时期有霭理士、爱利思、爱里斯、爱理斯、爱利斯、埃利斯、霭里斯、蔼理斯、蔼理士、艾利斯、艾里斯、艾力斯、厄尔力斯等。加上出版混乱，统计他的著作和文章十分困难。

据不完全统计，民国时期出版的他的著作有：

---

〔1〕克定：《拾遗：霭理斯论战争与战争的本能》，《世界知识》1935年第3期。

表 1

序号	出版年份	译 / 著者	书名	出版社	备注
1	1924	王新命译	《优生问题》	商务印书馆	新智识丛书
2	1926	胡仲持辑译	《世界性的风俗谭》	光华书局	
3	1927	彭兆良译	《性心理》	美的书店	
4	1927	彭兆良译	《科学的生育》	民新书局	新文化丛书
5	1927	夏斧心译	《女子的性冲动》	北新书局	
6	1928	薛以恒译	《性期的现象》	金钟书店	
7	1928	张竞生编，杨虎啸、金钟华译	《霭理斯婚姻论》	美的书店	婚姻丛书第一种
8	1929	C.C. 译	《爱的艺术》	北新书局	
9	1934	潘光旦译	《性的教育》	青年协会书局	青年丛书第六种
10	1934	潘光旦译	《性的道德》	青年协会书局	青年丛书第十三种
11	1936	张竞生编译	《爱的丛书》（上）（下）	美化出版社	
12	1938	梁渭华译	《爱情与道德》	商务印书馆	家庭丛书

续表

序号	出版年份	译 / 著者	书名	出版社	备注
13	1943	潘光旦译	《健康教育论》	青年协会书局	
14	1945	冯明章译	《性心理》	文摘出版社	
15	1946	潘光旦译	《性心理学》	商务印书馆	
16	1927—1930	张竞生主编	《霭理斯心理译丛》	美的书店	新文化性育小丛书。约有二十多种，主要包括：《性冲动的分析》（上、下），《女性冲动》（上、下），《性期的现象》（上、下），《害羞的进化》（上、下），《热爱底象征》，《性弛放的机能》（上、下），《妊娠中的心理状态》，《视觉与性美的关系》，《触觉与性美的关系》，《嗅觉与性美的关系》，《恋爱与苦痛》（上、中、下），《同性爱研究》，《女学生的同性爱》，《男子同性爱》，《自动的色情》，《结婚研究》，《爱底艺术方法》，《科学的生育》，《妓女的性生活》（上、下），《裸体与性教育》，《打倒花柳病》，《爱的动机》，《女子微笑的表示》，《女子性的变化》，《爱情的机能》，《浪漫的爱》，《两性的健康》，《性书与淫书》等。尚未统计完全。

另有一些书籍收录有他的文章，据不完全统计有：

表2

序号	出版年份	译 / 著者	文章篇名	书名	出版社	备注
1	1925	陈海澄	《节育主义》序	《节育主义》	商务印书馆	
2	1928	展青	托尔斯泰论	《托尔斯泰论》	南华书店	现代文化社丛刊
3	1930	周建人	生育制度	《进化和退化》	光华书局	
4	1930	张慰慈	蔼理斯论妇女的智力	《妇女论》	神州国光社	
5	1930	周作人	圣书与中国文学	《雅歌》	北新书局	
6	1931	于熙俭	家庭问题	《人类的前程》(一名：现代世界的文化)	商务印书馆	新中学文库，外语教学与研究出版社 2014 年再版
7	1934	郁达夫	易卜生论	《几个伟大作家》	中华书局	现代文学丛刊
8	1941	周黎庵（周劭）	蔼理斯及其著作	《葑门集》	庸林书屋	
9	1943	张君衡	霭理斯欣赏拿破仑的政治艺术观	《中国民族运动与东亚联盟》	东亚联盟月刊社	东亚联盟丛书
10	1946	应远涛、袁访赉	我的信仰	《我的信仰》	长风书店	青年丛书之五

2 作为“二传手”的“白桦派”

霭理士的书籍作为“世界文学”在东方的旅行，首先到达的不是中国，而是日本。民国人士对于霭理士的接受史，很大一部分来源于日本“白桦派”的“二传手”。探究霭理士的译介史，我们不能不谈日本文化、霭理士与周作人之间的关系。

早在1922年，霭理士有关性心理学的全部著作就在日本得以出版，日本知识阶层读霭理士蔚然成风，尤以因聚集在《白桦》杂志周围而得名的“白桦派”为甚。二战后，霭理士的著作又在日本重新翻译出版。《白桦》杂志于1910年4月创刊，至1923年8月东京大地震停刊，代表作家有武者小路实笃、有岛武郎、有岛生马、志贺直哉、木下利玄、长与善郎等，他们多出身贵族，在高校求学时形成流派。他们反对以左拉为代表的自然主义文学，反战争、反压迫、追求和平、反对旧道德对自我的束缚、同情弱小者、表现强烈的自我意识。在性爱的观念上，这些日本作家多受霭理士影响，追求异彩纷呈的丰富的情爱世界，毫无顾忌，作品也多以自传为主，在情爱里实践自己的主张：做一个真人。

周作人主张的人道主义精神，很多都来自霭理士与白桦派。他的白桦派之缘首先源于鲁迅。鲁迅曾翻译白桦派作家厨川白村的《苦闷的象征》。厨川白村认为“生命力受了压抑而生的苦闷懊恼乃是文艺的根柢”[1]，“表现乃是艺术的一切”[2]，文学

〔1〕厨川白村：《苦闷的象征》，鲁迅译，北京：人民文学出版社，2007年，第39页。
〔2〕厨川白村：《苦闷的象征》，鲁迅译，北京：人民文学出版社，2007年，第46页。

的起源在于“象征的梦”，“诗是个人的梦，神话是民族的梦”[1]。厨川白村在读研究生时精研过霭理士的《新精神》《性心理学》《男与女》等。霭理士相信“艺术是个人的表现”，“文学是情绪的产品”，文学艺术即是“生命之舞”，这些都被他化用到《苦闷的象征》中去。他还在霭理士的影响下写作了《近世的恋爱观》一书，由夏丏尊翻译，于1928年在上海开明书店出版。

在《文学的贵族性》中，周作人说：“文学的真意义，与文学究竟是什么东西，前人已言之凿凿。就我个人的意见，文学是表现思想与情感的，或者说是一种苦闷的象征。当我对于社会不满，或社会加诸我不快，我对准这一个和我相反的对象来表现我所想到的思想，所感到的情感，这一种反映的苦闷的象征，就成为文学的立场和背景。”[2]霭理士的苦闷源于英国维多利亚时期的性禁锢和个人生活的不幸。厨川白村的苦闷来源于日本社会，鲁迅的苦闷来源于社会问题无法解决，周作人的苦闷偏重个人情感。

白桦派中的有岛武郎是另一位鼓吹霭理士的干将。他在霭理士思想的基础上发展、结合了日本文化中对于死亡的态度，将霭理士的“性冲动”改为了“死亡冲动”。日本是自杀率很高的国家，武士文化中有着切腹自杀的死亡仪式。有岛武郎的《一个女人》《未之死》《爱不惜夺》等作品，都以“爱”与“死”为主题，到处都是在性爱中死去的情节。当死亡像性一样如波涛汹涌的潮汐

〔1〕厨川白村:《苦闷的象征》，鲁迅译，北京：人民文学出版社，2007年，第126–127页。

〔2〕周作人:《文学的贵族性》，止庵编《周作人讲演集》，石家庄：河北人民出版社，2004年，第106页。

在人体内冲撞时，自杀将成为一个必然到来的节日。在写完代表作《一个女人》后不几年，有岛武郎爱上了一位女记者波多野秋子。1923 年 6 月 9 日早晨，在长野县轻井泽私家别墅净月庵，45 岁的有岛武郎与 29 岁的波多野秋子上吊自杀，遗体一个月后才被发现。

还有一位受蔼理士影响深刻的白桦派作家，是有“小说之神”之称的志贺直哉，周作人译有他的小说《清兵卫与葫芦》《到网走去》。他曾为婚姻与父亲决裂，并创作有长篇《暗夜行路》，写主人公时任谦作的性苦闷以及“对立的性关联”和“调和的性关联”。此中的逻辑想起来有趣，主人公放纵性时即发生悲剧，协调性（并非禁欲）时便和谐。主人公的母亲和妻子直子都先后出轨，而他发现自己并不会比母亲、妻子更加高尚，并认识到性欲积极的一面：它能使生活变得更丰富，使人变得更自信，更美好，更懂得追求爱与幸福。所谓的“性过失”，微不足道。为了摆脱性苦闷，他最后在伯耆大山的自然风光中找到了内心的安宁。但内在的，并不是男主人公多么宽容，而是被蔼理士的人性论所洗脑，人性大于道德。

在受白桦派影响的同时，周作人极为推崇日本女诗人与谢野晶子的《贞操论》和二阶堂招久的《初夜权》。与谢野晶子和丈夫与谢野宽同为日本诗人，与谢野宽逝世后，周作人也为他写了纪念文章。二阶堂招久不可考，怀疑是当时的日本狂人宫武外骨的化名。宫武外骨又称废姓外骨，著有《笔祸史》《私刑类纂》《赌博史》《猥亵风俗史》等。周作人同样对他很是推崇。

周作人翻译的《贞操论》[1]中写道：

> 我对于贞操，不当他是道德；只是一种趣味，一种信仰，一种洁癖。既然是趣味信仰洁癖，所以没有强迫他人的性质。我所以绝对的尊重我的贞操，便是同爱艺术的美，爱学问的真一样，当作一种道德以上的高尚优美的物事看待，且假称作趣味，或是信仰都可。

这一段中的“贞操”皆可置换成“文学”“艺术”“自由”等词。20年代中后期，周作人的趣味倾心于以永井荷风为代表的日本唯美主义文学，由“为人生”转变为“为艺术”。他接受日本开放的性文化、重口味文化，并娶了日本老婆，日本的文化氛围深深感染了他。他不喜欢中国传统士大夫，而喜欢民间的、有生命力的东西。此时，日本正值武士阶层完败，市民阶层兴起，明治维新余波尚在，福泽谕吉的“脱亚入欧论”日渐盛行，荷兰、英国等西方国家的科技四处传播。明治维新时日本请了大量外国学者任教（小泉八云就是其中之一），发展到一定程度后，大学纷纷解聘了外国学者，改为聘请本土学者，但西化之风已经在日本扎下了根基。至甲午海战、日俄战争之后，日本人的野心前所未有地膨胀，抛弃古老的中国而转向了西方。中国文化缺乏的地方，周作人在日本找到了盈余，他在“二传手”白桦派中顺藤摸瓜，发现并找到了霭理士，此后便一发不可收拾。“我所找着的，在文学批评是丹麦勃阑兑思，乡土研究是日本柳田国男，文化人类学是英国弗来则，性的心理是

[1] 与谢野晶子：《贞操论》，周作人译，1918年5月15日《新青年》第4卷第5号。

蔼理斯。”[1]他从此开始了对霭理士的大量译介。

3 周作人对霭理士的译介概况

周作人写霭理士，最早从1918年《爱的成年》一文开始，最晚至1961年3月10日《知堂回想录》之六《最初的印象》中的回忆，前后长达43年，贯穿了他漫长的文学生涯。他经常阅读霭理士并时刻关注其新著的出版。张中行在《苦雨斋一二》一文中写到：“还有一次，谈起我买到蔼理斯的自传，他说他还没见过，希望借给他看看。我送去，只几天就还我，说看完了。”[2]除了阅读写作以外，周作人没什么其他爱好，他每天坐在书桌前，若不读写，便会闲得发慌。

周作人在文章中引用霭理士的话全部出自他的翻译，但几乎都是零星的片段，较完整的段落并不多，例如在1923年出版的《雨天的书》中有《蔼理斯的话》[3]一文，其中译出了霭理士《性的心理研究·第六卷跋》；在1925年2月9日的《语丝》第十三期上，他据霭理士《随感录》一书，摘译出《进步》《晦涩与明白》《女子的羞耻》《雅歌与传道书》《宗教》《自己中心》六段译文。

统计下来，周作人曾在以下文章中论述或翻译了霭理士，引用了其大量原著[4]：

---

〔1〕周作人：《读书的经验》，《周作人自编集·药堂杂文》，北京：北京十月文艺出版社，2012年，第45页。
〔2〕张中行：《月旦集》，北京：经济管理出版社，2012年，第47页。
〔3〕周作人：《雨天的书》（止庵校订），北京：北京十月文艺出版社，2011年。
〔4〕止庵编订整理：《周作人自编集》（36册），北京：北京十月文艺出版社，2012年。

表3

序号	发表时间	篇名	刊物	卷期	备注
1	1918–10–15	爱的成年	未详		引用霭理士《性的进化》(*Evoltion in Sex*)。据钟叔河编《周作人文类编(五)·〈上下身〉》长沙：湖南文艺出版社，1998年
2	1922–10–5	可怜悯者	《晨报副镌》		署名仲密，引用霭理士《随感录》(*Impressions and Comments*)
3	1923–2–1	猥亵论	《晨报副镌》		引用霭理士《随感录》(*Impressions and Comments*)，后收入《自己的园地》，据钟叔河编《周作人文类编(五)·〈上下身〉》长沙：湖南文艺出版社，1998年
4	1923–4–18	结婚的爱	《晨报副镌》		引用霭理士《圣芳济与其他》，据钟叔河编《周作人文类编(五)·〈上下身〉》长沙：湖南文艺出版社，1998年
5	1923–6–1	文艺与道德	《晨报副镌》		引用霭理士《断言》，据钟叔河编《周作人文类编(三)·〈本色〉》长沙：湖南文艺出版社，1998年
6	1923–7–15	爱的创作	《晨报副镌》		附记中引用霭理士《性的心理研究》第五卷《色情的象征》中泰尔特的话，收入《自己的园地》
7	1923–4–9	《她们》《高楼》附记	《晨报副镌》		
8	1923–12–17	猥亵的歌谣	《歌谣周刊》	《歌谣纪念增刊》	收入《谈龙集》《知堂文集》

续表

序号	发表时间	篇名	刊物	卷期	备注
9	1924–2–14	花炮的趣味	《晨报副镌》		引用霭理士《生命之舞》第一章。未收入自编文集，本篇后经增删，于 1926 年 3 月 1 日刊于《语丝》第 68 期，改题《爆竹》后收入《自己的园地》
10	1924–2–23	猥亵的歌谣	《歌谣周刊》	第 74 期	引用霭理士《圣芳济与其他》《性的心理研究》《新精神》。后收入《雨天的书》
11	1924–2–27	教训之无用	《晨报副镌》	第 39 期	引用霭理士《道德之艺术》。后收入《雨天的书》《知堂文集》
12	1924–9–3	科学小说	《晨报副镌》		引用霭理士《凯沙诺伐论》《社会卫生的事业》。小说翻译连载，收入《雨天的书》
13	1924–11–17	生活之艺术	《语丝》	第 1 期	引用霭理士《圣芳济与其他》。后收入《雨天之书》
14	1925–2–9	蔼理斯《感想录》抄	《语丝》	第 13 期	引用霭理士《随感录》。后收入《永日集》
15	1925–4–4	拜脚商兑	《京城副刊》	第 109 期	收入《谈虎集》
16	1925–4–5	古书可读否的问题	《京报副刊》	第 110 期	收入《谈虎集》
17	1925–4–13	《徒然草》抄	《语丝》	第 22 期	未收入自编文集
18	1925–5–11	《蔼理斯与福来尔》附记	《语丝》	第 26 期	

续表

序号	发表时间	篇名	刊物	卷期	备注
19	1925-8-21	答张崧年先生书	《京报副刊》	第 245 期	未收入自编文集
20	1925-12-14	《诃色欲法》书后	《语丝》	第 57 期	收入《谈虎集》
21	1925-12-21	与志摩	《晨报副刊》		引用霭理士《性心理学》
22	1926-7-26	代表《骆驼》	《语丝》	第 89 期	引用霭理士《左拉论》
23	1926-7-26	论左拉	《骆驼》		收入《艺术与生活》，据钟叔河编《周作人文类编（八）·〈希腊之余光〉》钟叔河编，长沙：湖南文艺出版社，1998 年
24	1926-7-26	沙漠之梦	《骆驼》		未收入自编文集，据钟叔河编《周作人文类编（八）·〈希腊之余光〉》长沙：湖南文艺出版社，1998 年
25	1927-4-16	蔼理斯的诗	《语丝》	第 127 期	收入《谈虎集》
26	1927-4-30	香园	《语丝》	第 129 期	收入《谈龙集》
27	1927-8-13	再谈《香园》	《语丝》	第 144 期	引用霭理士《性心理学》。后收入《谈龙集》
28	1927-8-20	《泽泻集》序	《语丝》	第 145 期	收入《泽泻集》《苦雨斋序跋文》
29	1928-4-16	《爱的艺术》之不良	《语丝》	4 卷 16 期	引用霭理士《爱的艺术》《性心理学》。后收入《永日集》

续表

序号	发表时间	篇名	刊物	卷期	备注
30	1928–10–31	《桃园》跋	未详		收入《永日集》《苦雨斋序跋文》，据钟叔河编《周作人文类编（三）·〈本色〉》长沙：湖南文艺出版社，1998 年
31	1928–12–27	关于妖术	《新中华报副刊》	第 1 期	收入《永日集》
32	1930–5–26	西班牙的古城	《骆驼草》	第 3 期	收入《看云集》
33	1932–5–21	《曝谈》中的角先生	未详		未收入自编文集，据钟叔河编订《周作人散文全集》（六），桂林：广西师范大学出版社，2009 年
34	1933–8–18	性的心理	未详		收入《夜读抄》，据钟叔河编《周作人文类编（五）·〈上下身〉》长沙：湖南文艺出版社，1998 年
35	1933–9–1	笑话论——《苦茶庵笑话选》序	《青年界》	4 卷 2 期	收入《苦雨斋序跋文》
36	1934–5–12	男化女	《大公报》		收入《夜读抄》，据钟叔河编《周作人文类编（五）·〈上下身〉》长沙：湖南文艺出版社，1998 年

续表

序号	发表时间	篇名	刊物	卷期	备注
37	1934–11–17	重刊《袁中郎集》序	《大公报》		收入《苦茶随笔》，据钟叔河编《周作人文类编（二）·〈千百年眼〉》长沙：湖南文艺出版社，1998 年
38	1934–12–31	周作人自述	未详		未收入自编文集，据钟叔河编《周作人文类编（十）·〈八十心情〉》长沙：湖南文艺出版社，1998 年
39	1934–11–16	关于十九篇（一）：关于宫刑	《华北日报》		收入《苦茶随笔》，据钟叔河编《周作人文类编（五）·〈上下身〉》长沙：湖南文艺出版社，1998 年
40	1934–12–5	关于十九篇（三）：关于读圣书	《华北日报》		引用霭理士《婴孩怎么产生》。后收入《苦茶随笔》，据钟叔河编《周作人文类编（五）·〈上下身〉》长沙：湖南文艺出版社，1998 年
41	1935–1–20	蔼理斯的时代	《大公报》		引用霭理士《性心理学》。后收入《苦茶随笔》，据钟叔河编《周作人文类编（五）·〈上下身〉》长沙：湖南文艺出版社，1998 年
42	1935–1–5	一九三四年我所爱读的书籍	《人世间》	第 19 期	
43	1935–9–8	文章的放荡	《大公报》		收入《苦竹杂记》，据钟叔河编《周作人文类编（三）·〈本色〉》长沙：湖南文艺出版社，1998 年

续表

序号	发表时间	篇名	刊物	卷期	备注
44	1936-9-1	风雨后谈（六）：急进的妓女	《宇宙风》	第24期	收入《瓜豆集》
45	1936-9-16	怀东京	《宇宙风》	第25期	引用霭理士《圣芳济与其他》。后收入《瓜豆集》
46	1936-10-1	东京的书店	《宇宙风》		引用霭理士《性的心理研究》。后收入《瓜豆集》，据钟叔河编《周作人文类编（七）·〈日本管窥〉》长沙：湖南文艺出版社，1998年
47	1936-12-1	《瓜豆集》题记	《谈风》	第4期	收入《瓜豆集》
48	1937-2-16	女人的命运	《宇宙风》	第35期	收入《秉烛谈》
49	1937-6-28	日本管窥之四	《国闻周报》	14卷25期	收入《知堂乙酉文编》
50	1937-7-4	关于看不懂	《独立评论》	第241期	未收入自编文集
51	1937-11-10	日本的混堂	《西风》（周年纪念特大号）	第13-18期	引用《断言》中的《凯沙诺伐论》《圣芳济与其他》《性的心理研究》。后收入《秉烛后谈》
52	1939年8月	致《人世间》编者	《人世间》		未收入自编文集，据钟叔河编《周作人散文全集》（八），桂林：广西师范大学出版社，2009年

续表

序号	发表时间	篇名	刊物	卷期	备注
53	1940–6–1	买洋书	《中国文艺》	2 卷 4 期	未收入自编文集
54	1940–7–3	宣传	未详		收入《药堂杂文》，据钟叔河编《周作人文类编（三）·〈本色〉》长沙：湖南文艺出版社，1998 年
55	1940 年 2 月	读书的经验	《新光》		收入《药堂杂文》，据钟叔河编《周作人文类编（九）·〈夜读的境界〉》长沙：湖南文艺出版社，1998 年
56	1942–1–1	日本之再认识	《中和月刊》	3 卷 1 期	引用霭理士《圣芳济与其他》。后收入《药味集》
57	1944–7–16	我的杂学（十一）：性的心理	《华北新报》	第 51 期	收入《苦口甘口》
58	1944–7–26	我的杂学（十二）：蔼理斯的思想	《华北新报》	第 51 期	收入《苦口甘口》
59	1945–1–22	十堂笔谈（十）：梦	《新民声》	第 18 期	收入《立春以前》
60	1945–7–15	佐藤女士的事	《女声》	4 卷 2 期	未收入自编文集
61	1945–8–31	凡人的信仰	未详		收入《过去的工作》，据钟叔河编《周作人文类编（一）·〈中国气味〉》长沙：湖南文艺出版社，1998 年

续表

序号	发表时间	篇名	刊物	卷期	备注
62	1945–11–7	道义之事功化	未详		引用霭理士《随感录》。后收入《知堂乙酉文编》，据钟叔河编《周作人文类编（一）·〈中国气味〉》长沙：湖南文艺出版社，1998 年
63	1948–12–31	红楼内外之二刊《子曰》	未详		引用霭理士《性的心理研究》。收入《知堂乙酉文编》，据钟叔河编订《周作人散文全集》（九），桂林：广西师范大学出版社，2009 年
64	1949–7–4	一九四九年的一封信	未详		未收入自编文集，据钟叔河编《周作人文类编（十）·〈八十心情〉》长沙：湖南文艺出版社，1998 年
65	1961–3–10	最初的印象	未详		知堂回想录（六六），收入《知堂回想录》，据钟叔河编订《周作人散文全集》（十三），桂林：广西师范大学出版社，2009 年
66	未知	存稿	未详		未收入自编文集，引用霭理士《社会卫生的事业》，据钟叔河编订《周作人散文全集》（十四），桂林：广西师范大学出版社，2009 年

以上共计66篇，涉及的霭理士原著有《性心理学》《性的进化》《随感录》《道德之艺术》《婴孩怎么产生》《生命之舞》《新精神》《断言》《社会卫生的事业》《凯沙诺伐论》《圣芳济与其他》《左拉论》等，涵盖了霭理士绝大多数的重要著作。

霭理士的种种思想深入周作人骨髓，并使其逐步形成自己的体系。周作人毕生继承其思想，不仅学习还灵活运用其文艺理论，甚至为其论战出征。在《文艺与道德》中，周作人翻译了霭理士如下的话：

> 他完全把握着最近性的心理学者所说的“求爱的第二法则”，便是男子不专图一己之满足而对于女子的身心的状态均有殷勤的注意。在这件事上，凯沙诺伐（Casanova）未始不是给予现在最道德的世纪里的许多贤夫的一个教训。他以所爱妇女的悦乐为悦乐而不耽于她们的供奉，她们也似乎恳挚地认知他的爱术的工巧。凯沙诺伐爱过许多妇女，但不曾伤过几个人的心……一个道德纤维更细的人不会爱这许多女人，道德纤维更粗的人也不能使这许多女人仍是幸福。[1]

在此，周作人完全分立了文艺与道德之间的关系，他为郁达夫的《沉沦》辩护，用的也是霭理士的理论。他在评论郁达

---

〔1〕周作人：《文艺与道德》，舒芜编录《女性的发现：知堂妇女论类抄》，北京：文化艺术出版社，1990年，第95页。

夫的《沉沦》时说：

> 所谓灵肉冲突原只是说情欲与压迫的对抗，并不含有批判的意思，以为灵优而肉劣；老实说来超凡入圣的思想反于我们凡夫觉得稍远了，难得十分理解，譬如中古诗里“柏拉图的爱”，我们如不将它解作性的崇拜，便不免要疑是自欺的饰词。我们赏鉴这部小说的艺术地写出这个冲突，并不要他指点出那一面的胜利与其寓言。[1]

他强调《沉沦》“所描写的是青年的现代的苦闷”，“著者在这个描写上实在是很成功了”，《沉沦》是“受戒者的文学”。他认为并非所有的猥亵都是不道德的，因为猥亵可以反映很多问题，是人真实情感的表露，还可以供学术研究。因此他认为《沉沦》“虽然有猥亵的分子而并无不道德的性质”。周作人的眼光很毒，他说得没错，事实上，郁达夫也是霭理士的拥趸。郁达夫翻译了霭理士的《伊孛生（易卜生）论》[2]，只是在附记中，他提出了不同于霭理士的观点，认为霭理士受遗传学的影响，研究作者的血统出身，这点他不能认同。

同样，汪静之的诗集《蕙的风》出版后遭到攻击，周作人专门作了《情诗》一文为其辩护：“倘若由传统的权威看去，不但有不道德的嫌疑，而且确实是不道德的了。但是这旧道德上

〔1〕王自立、陈子善编著：《郁达夫研究资料》，《中国文学史资料全编》（现代卷25），北京：知识产权出版社，2010年，第267页。

〔2〕郁达夫：《郁达夫文集》（第11卷），广州：花城出版社，1984年，第191页。

的不道德，正是情诗的精神。”“所以见了《蕙的风》里‘放情的唱’，我们应该认为这是诗坛解放的一种呼声。”[1]

1934年12月21日，左翼作家胡风在他的《林语堂论》中说道：“蔼理斯时代已经过去了。”[2]作为霭理士的铁杆粉丝，周作人立刻写了《蔼理斯的时代》[3]予以反驳，对胡风大加讥嘲，后来将该文收入到《苦茶随笔》中，作为自己的代表篇目。而胡风在1935年3月先后写了《蔼理斯的时代及其他》[4]《蔼理斯·法朗士·时代》[5]，与周作人展开论战。鲁迅闻声后写了篇杂感《隐士》[6]来声援胡风。周作人并非没有论战的能力，只是他的性格太不适合写这类文章。然而一涉及霭理士，他立刻鲜明凌厉起来，旧学西学功夫全上，那招数不是胡风所能应接的。

4 周作人以外其他人对霭理士的译介概况

霭理士的思想对民国以来的作家学者产生过一些重要而隐秘的影响。笔者统计下来，除周作人以外，其他人对霭理士的研究文章，重要的还有如下这些：

---

〔1〕周作人：《周作人散文选集》（张菊香编），天津：百花文艺出版社，1987年，第75页。

〔2〕梅志、晓风编：《胡风：死人复活的时候》，北京：中国青年出版社，1999年，第97页。

〔3〕周作人：《苦茶随笔》，北京：北京十月文艺出版社，2011年，第128页。

〔4〕胡风：《胡风评论集》（上），北京：人民文学出版社，1984年，第77页。

〔5〕1935年3月《太白》第1卷第12期，收入《胡风文集》第四卷，武汉：湖北人民出版社，1999年，第24页。

〔6〕鲁迅：《且介亭杂文二集》，《鲁迅全集》（第6卷），北京：人民文学出版社，1981年，第233页。

表4

序号	发表年份	译 / 著者	篇名	刊物	卷期
1	1918	郁达夫	伊孛生（易卜生）论	《新青年》	4 卷 6 期
2	1920	罗罗	妇女地位之将来	《东方杂志》	17 卷 1 期
3	1922	杨贤江	产儿制限与优生学	《妇女杂志》	8 卷 6 期
4	1922	衡石	生育节制论	《民国日报 · 妇女评论》	第 39 期—第 40 期
5	1922	王文祺	妇女地位的变迁	《社会学杂志》	1 卷 1 期
6	1922	乔峰	产儿制限论	《妇女杂志》	8 卷 6 期
7	1923	泉	生育节制能改良人种吗?	《现代妇女》	第 23 期、第 24 期、第 26 期
8	1924	文宙	妇女的心：爱理斯妇女四论之一	《妇女杂志》	10 卷 11 期
9	1925	周建人	性的无知	《妇女杂志》	11 卷 7 期
10	1925	周建人	哈夫洛克爱理斯（附照片）	《妇女杂志》	11 卷 5 期
11	1925	高山	女学生的“校友”	《民国日报 · 妇女周报》	第 95 期—第 97 期
12	1925	曾广勋	结婚难	《国大周刊》	第 2 期—第 3 期
13	1925	夏斧心	接吻发凡	《晨报副刊》	12 月 16 日
14	1925	无名氏	蔼理斯的生年（通信）	《语丝》	第 16 期
15	1925	顺风、开明	蔼理斯与福来尔	《语丝》	第 26 期
16	1925	晏始	嫉妬论	《民国日报 · 妇女周报》	第 73 期

续表

序号	发表年份	译 / 著者	篇名	刊物	卷期
17	1926	秋士韦	战争与性的问题	《语丝》	第 107 期
18	1926–1927	彭兆良	视觉与性美的关系：译自霭利思性心理	《新文化》	1 卷 1 期—5 期
19	1926	夏斧心	月经来潮对于妇女地位的影响	《晨报副刊》	2 月 11 日、20 日、22 日
20	1926	少英	善种学与恋爱	《妇女杂志》	12 卷 7 期
21	1926	徐祖正	论左拉	《骆驼》	第一集（仅出过一集）
22	1927	张竞生主编	（多期刊登霭理士文章）	《新文化月刊》	共 6 期（未见实物，参见张超《一本被忽略的杂志》,《北京晨报》2014–06–12，第 C07 版）
23	1927		书籍介绍:《生命之舞蹈》	《申报》	4 月 29 日
24	1927	彭兆良	嗅觉与性美的关系	《新文化》	1 卷 5 期
25	1927	一鸣	跳舞的艺术	《新文化》	1 卷 5 期—6 期
26	1927	谢瑟	女学生的同性爱	《新文化》	1 卷 6 期
27	1927	斧心、无明	子女与父母	《古城周刊》	1 卷 11 期
28	1927	展青	托尔斯泰论	《现代文化》	1 卷 2 期
29	1928		每日评论：爱理斯讲性	《长虹周刊》	第 12 期

续表

序号	发表年份	译 / 著者	篇名	刊物	卷期
30	1929	江绍原	大家的小品四三五至四四九：（四四八）桃花女与谒里斯爱的艺术与爱的法术	《新女性》	4卷9期
31	1930	胡宗宏	托尔斯泰传评	《国立劳动大学月刊》	1卷8期
32	1930	黄锡凌	夫与妻的问题	《南风》	3卷4期
33	1931	应远涛	妇女的感应性	《女青年月刊》	10卷7期
34	1931	金仲华	霭理斯的"男与女"	《妇女杂志》	17卷2期
35	1931	仲华	男女艺术冲动的比较	《妇女杂志》	17卷2期
36	1932	应远涛	妇女的心智	《女青年月刊》	11卷8期
37	1932	胡宗宏	托尔斯泰传评	《南洋：南洋中学校友会会刊》	2卷10期
38	1933	征帆	艾理斯的儿童性教育观	《现代父母》	1卷6期
39	1934		恋爱座谈：我对于恋人，觉得自己成了两倍……	《摄影画报》	10卷13期
40	1934	潘光旦	霭理士的性教育观：性的教育代序	《华年》	3卷26期

续表

序号	发表年份	译 / 著者	篇名	刊物	卷期
41	1934	潘光旦	霭理士的女子体育论[1]	《华年》	3 卷 5 期
42	1934	陈明斋	结婚之目的	《女青年月刊》	13 卷 7 期
43	1934		好战果为人类之本能么	《文化月刊》	1 卷 15 期
44	1934		女人特辑：女子的爱恶观思	《摄影画报》	10 卷 35 期
45	1934	潘光旦	娼妓、婚姻、与道德	《华年》	3 卷 33 期
46	1935	潘光旦	书报介绍：性的道德	《华年》	4 卷 3 期
47	1935	徐日洪	一本性教育的杰作	《申报》	10 月 12 日
48	1935	施蛰存	生涯交响曲：蔼理斯论两性异同	《女子月刊》	3 卷 10 期
49	1935	赵家璧	蔼理斯的忏悔	《文饭小品》	第 2 期
50	1935	胡风	蔼理斯的时代及其他：文艺时论	《文学》	4 卷 3 期
51	1935	胡风	短论：蔼理斯・法朗士・时代	《太白》	1 卷 12 期
52	1935	克定	拾遗：霭理斯论战争与战争的本能	《世界知识》	2 卷 3 期
53	1935	宣和	缓解期之本态	《时代生活》	4 卷 2 期
54	1935	实	性爱的必要知识	《时代生活》	1 卷 4 期
55	1936	启无	蔼理斯锦句抄（译自 *The Art of Life*）	《新苗》	第 4 期

〔1〕《浙江体育半月刊》1934 年第 8 期转载

续表

序号	发表年份	译 / 著者	篇名	刊物	卷期
56	1936		二月份值得纪念的名人：爱理斯 H.H.Ellis（英心理学研究家）	《图文》	第 2 期
57	1936		世界和平究有可能吗?：英国性教育学者爱理斯	《图文》	第 1 期
58	1937	顾良	蔼理斯	《月报》	1 卷 2 期
59	1937	邵棠	蔼理斯论现代的性自由（特译稿）	《文摘》	1 卷 6 期
60	1937	顾良	蔼理斯：写在“生之舞”译文前面	《书人》	1 卷 1 期
61	1937	胡仲持	猥亵论：附照片		1 卷 2 期
62	1937	秋生	性技术：性技术中之又一方法：含蓄的交接：提高性活动的理论与实际，使之超出于单纯的动物性生活之上	《健康生活》	8 卷 4 期—5 期
63	1937	欧阳采薇	马塞尔普洛斯特评传	《国闻周报》	14 卷 23 期
64	1937	少平	集锦录：论两性的互成关系	《文化建设》	3 卷 5 期
65	1937	少平	集锦录：恋爱是幻想吗？	《文化建设》	3 卷 5 期
66	1937	应远涛	战争与两性问题	《华年》	6 卷 14 期
67	1937	应远涛	生育节制与优生学	《华年》	6 卷 6 期、9 期
68	1937	王伏雄	蔼理斯论：现代父母的性教育问题（译自 *The American Mercury*）	《大公报天津版》	2 月 27 日

续表

序号	发表年份	译 / 著者	篇名	刊物	卷期
69	1938	杨道南	两性知识：女子潮的亢进与低落	《申报》	1月28日
70	1938	志刚	侵蚀婚姻幸福的几种病症	《健康生活》	12卷4期
71	1938	志刚	春闺喜剧应隔几时演出一次？	《健康生活》	12卷4期
72	1938		现代的性自由	《杂志》	2卷1期
73	1938	陶启湘	坠胎问题	《西风》	第28期
74	1938		为刊载“艾理斯全集”告读者	《健康生活》	12卷6期
75	1938		写在艾理斯全集的前页：编者的话	《健康生活》	13卷1期
76	1938		艾理斯全集：羞怯心的演变	《健康生活》	13卷1期、2期、3期、5期
77	1939	孔远之(周劭)	蔼理斯及其著作	《大风》	第48期
78	1939	秉心、詹新吾	纪念蔼理斯（附图）	《现实》	第3期
79	1939	秉心	科学思潮：纪念蔼理斯（1859–1939）（附照片）	《科学》	23卷10期
80	1939		悼：英性心理学家蔼理斯逝世	《现实》	第1期
81	1939	孙云	英国心理学家蔼理斯逝世	《新科学》	1卷6期
82	1939	沉吟	霭理斯死了	《西风》	第36期
83	1939		人物浮雕：霭理斯死矣	《中学生英文杂志》	2卷1期
84	1939	林匹	思想家霭理斯（1859–1939）	《西风》	第37期

续表

序号	发表年份	译 / 著者	篇名	刊物	卷期
85	1939		笑画：“我太太的身材正与你的一模一样……”：画图	《香海画报》	第 167 期
86	1939		科学思潮：纪念蔼理斯（1859–1939）	《科学》	第 10 期
87	1940	林匹	思想家霭理斯（1859–1939）：根据 Issac Goldberg 所著 Havelock Ellis 一书	《西风精华》	第 3 期
88	1940	紫婴	中篇连载：裸体的研究[1]	《大观园 · 都会》	第 7 期、第 23 期、第 24 期、第 25 期
89	1940	司马圣	蔼理斯的青年时代	《国际间》	1 卷 12 期
90	1941		蔼理斯像	《作风》	1 卷 1 期
91	1941	邵棠	现代的性自由论（原载“American Mercury”，美国出版）	《风云》	1 卷 5 期
92	1944	白樱	女人终是女人	《杂志》	14 卷 6 期
93	1945	王人秋	审美与性爱	《太平洋杂志》	第 1 期

〔1〕第一篇：常去观赏裸体借此避免淫欲的冲动；第三篇：享受人类至高之美心中十分光明，纯洁而不带一丝卑鄙的思想；第四篇：没有一个灵魂，不染着道德的污点；第五篇：因看见裸着的肢体，忘却一切的失望与黑暗

续表

序号	发表年份	译 / 著者	篇名	刊物	卷期
94	1946	田本	读《性心理》（霭理斯原著，冯明章译，文摘出版社，卅四年六月四版）	《申报》	10 月 24 日
95	1946	老丹	从性心理谈蔼理斯	《申报》	11 月 25 日
96	1946	孟琨	读《性心理学》	《申报》	12 月 26 日
97	1946	黎明起	霭理斯的《性心理》	《万人周报》	第 12 期
98	1946	陈介白	论爱情	《新思潮》	1 卷 1 期
99	1946	陈介白	论艺术	《文艺与生活》	2 卷 2 期
100	1946	陈介白	论道德	《文艺与生活》	3 卷 1 期
101	1947	怀瑾	霭理士著“性心理学”	《青年知识》	第 22 期
102	1947	陈介白	人生与哲学	《新自由》	1 卷 5 期—6 期
103	1947	硕人	超然的霭理斯：读书偶感之一	《曼谷杂志》	1 卷 1 期
104	1948	冯明章	恋爱的艺术与性生活的协调	《书报精华》	第 46 期
105	1949	冯明章	性心理学讲座：性拜物狂	《香雪海》（综合性周报）	1 卷 9 期—10 期
106	1949		文摘：兽淫（摘录于冯明章译之性心理）	《香海花》	第 2 期
107	1949		文摘：性的冲动狂：摘录于冯明章译之性心理（待续）	《香海花》	第 3 期

从 1925 年起，鲁迅开始关注女性与性心理问题，并购买了霭理士的《新精神》。孙郁在《鲁迅与周作人》中写到鲁迅的自然科学藏书：其中有英国霭理士的《女子的性冲动》（夏斧心译）、《爱的艺术》（C.C. 译）、英国司妥惠尔的（William Leland Stowell）《性教育》（Y.D. 译），还有日本二阶堂招久著的《初夜权》（汪馥泉译），等等。[1]周建人也曾经翻译过霭理士，因此可说周氏三兄弟都对他有一定的接受。周作人有俞平伯、废名、沈启无、江绍原四大入室弟子，他们对老师的著作和思想自然烂熟于心，而周作人同时还是“京派”思想巨擘，影响到沈从文、汪曾祺、萧干等京派作家。海派作家中，施蛰存、叶灵凤也都曾在作品中提到霭理士，深得周作人三昧的叶灵凤更是在《书淫艳异录》中，用大量篇幅论述霭理士。据不完全统计，曾在文章中提到过霭理士及其思想的民国名家有鲁迅、周作人、叶灵凤、梁遇春、曹聚仁、周劭（周黎庵）、金性尧（文载道）、施蛰存、黄裳、吕叔湘、林语堂、朱自清、潘光旦、费孝通、徐訏，张竞生、李霁野、朱光潜、赵家璧、胡风、苏青（冯和仪）、潘伯鹰、张中行、徐中玉、罗尔纲、高阳等。

在霭理士著作的译者中，还有几位相对冷清的人物，如彭兆良、金仲华、薛以恒等。其中彭兆良生于 1901 年，逝于 1963 年，曾是张竞生创办的美的书店的总经理，张本人为总编

---

〔1〕孙郁：《鲁迅与周作人》，石家庄：河北人民出版社，1997 年。

辑。美的书店关门后，彭兆良于1935—1937年担任上海知名女性杂志《玲珑》的主编，继续从事女性学的研究。霭理士影响的很多是女性学的学者。

霭理士从科学的角度提供了文学研究的人性基础。他在作品中谈到性心理，其中很多问题都与文学艺术有关。他认为“性是人性中的一个基本问题，既然文学艺术是表现人生的，那么性就是无法完全回避的问题”。他关注性观念的健康与否，认为“人从社会的存在还原为自然的存在”，除了人的动物性的“求生”意志之外，还有高于动物的“天赋之性灵”的自由发展的要求；文学艺术是一种“生命的颤动”，或者说是“生命之舞”。因此，凡是倾向于人性、人道主义、心理分析、文艺理论等方面的作家学者，都很容易接受霭理士，毕竟他的学术范围太过宽博。而这其中，同周作人一样潜入深水区的，有张竞生和潘光旦二位。他们之间因此还有一段公案。

张竞生是广东饶平人，原名张江流，后留学法国，因受“物竞天择，适者生存”的影响，改名为张竞生。1921年至1926年间，他在北京大学任教，并于1926年公开出版《性史》第一集[1]。1927年至1928年间他在上海开办了美的书店，时有书商大肆翻印《性史》第一集。因书中编辑了很多作者以化名发表的私人性史，描写直白，张竞生的按语也过于直露，如他在为

〔1〕张竞生:《性史1926》，北京：世界图书出版公司，2014年。

一舸女士《我的性经历》[1]所写的按中提出了女性达到极愉快的性高潮时有的人会有“第三种水”射出，还推广“女子阴部呼吸”“阳具喝烧酒”等“性术”，因而被称为“性博士”“第三种水博士”“卖春博士”。社会各界骂声一片，张竞生名誉扫地，无法立足。1923年4月29日，张竞生在《晨报副刊》发表了《爱情的定则与陈淑君女士事的研究》[2]，提出了爱情的“四项基本原则”：一、爱情是有条件的；二、爱情是可比较的；三、爱情是可变迁的；四、夫妻为朋友的一种。此时的周作人发表了《无条件的爱情》[3]给他解围。张竞生编辑《性史》时周作人是给予支持的。《性史》出版被禁，周作人也写文章呼吁求告，直到张竞生后来大肆宣扬中国古代的性秘技，到上海开设“美的书店”后负面名声越来越盛，周作人、潘光旦等人对他的态度才转向反面。

张竞生最终惹恼二位大神，缘于将“美的书店”编印的霭理士书籍命名为《新文化性育小丛书》。这套丛书是从霭理士涉及性爱问题的著作中编译而来的，每本都是几十页薄薄的小册子，有一两万字，封面上是艺术裸女的肖像。书的定价低廉，畅销民间。张竞生亲自撰写广告词：

---

〔1〕张竞生：《性史1926》，北京：世界图书出版公司，2014年，第1页。

〔2〕张竞生等：《爱情定则：现代中国第一次爱情大讨论》，北京：生活·读书·新知三联书店，2011年，第36页。

〔3〕周作人：《无条件的爱情》，舒芜编录《女性的发现：知堂妇女论类抄》，北京：文化艺术出版社，1990年，第309页。

> 读过本丛书一遍，胜读其余一切性书。因其内容广博，见解超绝，著者霭理士氏曾费了三十年的工夫在搜集其材料。其他诸性学书比之，譬如众星之拱北辰，争引以为性学界之灵光。译本小道林纸精印，每册实价二角。买满十册以上者另赠锦匣一只，照实价九折。满二十册以上者赠锦匣二只，照实价八折。外埠批发另议。[1]

周作人和潘光旦认同这种通俗的传播方式，但着实反感张竞生把霭理士庸俗化。潘光旦在霭理士的《性心理学》译序中，将张竞生斥为“一位以‘性学家’自居的人，一面发挥他自己的‘性的学说’，一面却利用霭氏做幌子，一面口口声声宣传要翻译霭氏的六七大本《研究录》，一面却在编印不知从何处张罗来的若干个人的性经验，究属是否真实，谁也不得而知”；“和这种迹近庸医的‘学者’原是犯不着争辩的”，但“忍无可忍”。他先后写了《〈新文化〉与假科学——驳张竞生》《性教育者的资格问题》《变态心理与社会治安》三篇文章，后来合为一篇《今日之性教育与性教育者》[2]批评张竞生。公允说来，张竞生学问不赖，但对于性学的理解过于形而下，走了下三路。

〔1〕张培忠：《文妖与先知：张竞生传》，北京：生活 · 读书 · 新知三联书店，2008 年，第 393 页

〔2〕潘光旦：《优生概论》，北京：北京大学出版社，2010 年，第 130 页。

早在1920年，还在清华读书的潘光旦借阅了六大卷本霭理士英文版的《性心理学》，彼时第七卷还没出版。他同时阅读霭理士的其他作品，随后才补的弗洛伊德的课。潘光旦的父亲中过举人，点过翰林，母亲是清代文学家、《谐铎》的作者沈起凤的后代。沈起凤同时还是位戏曲家，著有《奢摩他室曲丛》，大约也是家学传承，潘光旦后来写作了《中国伶人血缘之研究》。潘光旦很以家世为荣耀，他带着《十三经》到美国留学，归国时带回了《物种起源》。用现代生物学思想来证明儒家思想的合理性，大约是其毕生志业。同样，霭理士也出身于落魄的贵族家庭，极为看重血统遗传因素。他在书中用统计数据表明，杰出人士大多数出身世家，出身平民阶层的相对较少。这与儒家思想有契合之处，潘光旦与之一拍即合。而在平等观念和平民主义大肆兴起的民国，这是冒天下之大不韪的事。

鲁迅在《故事新编》中有一篇《理水》：

> "鸟头先生，您不要和他去辩论了"，拿拄杖的学者放下面包，拦在中间，说。"乡下人都是愚人。拿你的家谱来"，他又转向乡下人，大声道，"我一定会发见你的上代都是愚人……"

这一段，"拿拄杖的学者"讽刺的就是潘光旦，而"鸟头先生"讽刺的是顾颉刚。

优生学在20世纪饱受争议，潘光旦信奉的是积极的、狭义的优生学，曾与周建人、孙本文等众多社会学家论战。他在《读

〈中国之优生问题〉》中引用霭理士反驳周建人的观念：

> 十九世纪末年西方学者研究天才的大致分为两派，一派说天才是病态的，代表的有诺图、茅资莱、朗勃罗梭（Nordau，Maudsley，Lombroso）等，而朗勃罗梭更是这一派的领袖。第二派说天才不过是一种超越常态的变异；这派的代表便是优生学创说者英人戈尔登。
>
> 霭理士作《英国天才的研究》以为两派都失之偏激，他以为天才的特点在神经系组织之致密；唯其致密，所以能发为惊人的慧业，也唯其致密，故脆弱易碎，缺乏伸缩力；前者易流为精神的变态，后者使其不能顺应常人所能顺应的环境。这后一点尤为普通，所以霭氏以为与其说“天才近狂易”，不如说“天才近愚拙”的较为妥贴。洵如霭氏的议论，则老子说的“大智若愚，大巧若拙”并不是道德涵养的结果，却是生理的自然咧！[1]

热心于社会改造和中国人种改良的潘光旦，在抗战的岁月甚至认为唯有改良中国的人种，才能产生优秀战士以战胜日本。

在霭理士世界主义的影响下，潘光旦的国家民族观与众不同。他特别区分了“国族”与“民族”的不同，即众多民族在

〔1〕潘光旦：《优生概论》，北京：北京大学出版社，2010年，第48页。

一起组成的国家民族，是“国族”的概念。中华民族并非天生完美，他天生有“民族病态”，相对于鲁迅的民族劣根性而言，他提出了四种病态[1]：体格的柔韧化、科学头脑的缺乏、组织能力的薄弱、自私自利的畸形发达。因而要用优生学来改良中华民族，通过婚姻的选择，让优秀的人多生，不优秀的人少生。优秀与否取决于人的社会身份，而不取决于财产。

民国以来，以男女双方浪漫生活为目的的婚姻大行其道，越是受高等教育的人越是持此态度，影响直至今日。潘光旦对此持保留态度，他认为健康和家庭比个人性情更重要，由此才能生育出更健康、优秀的后代。他欣赏“自觉的与直接的根据智力的婚姻选择”[2]，赞许门第婚姻。他自己的婚姻就十分美满，但并不浪漫。他相信婚姻能使人生安乐，养育子女，并给人一个完整的人格与人生，教人做人之道，于是很早就提出了计划生育。他亦坚信凡是人工划分的阶层应该打破，而自然划分出的强弱是无法一笔抹杀的。

1934年，潘光旦把《性心理学》第六册中有关“性与社会”的两篇译成中文，后被上海青年协会书局出版的青年丛书收录为第六种和第十三种，为《性的教育》与《性的道德》两书。在《性的道德》译序中他写道，“译了《性的教育》以后，进而续译霭氏的《性的道德》，似乎是很合情理的，性教育为一般

[1] 吕文浩：《中国现代思想史上的潘光旦》，福州：福建教育出版社，2009年，第126页。
[2] 吕文浩：《中国现代思想史上的潘光旦》，福州：福建教育出版社，2009年，第152页。

的道德的对象的趋势”[1]，“说到这里，西洋近代的性道德和中国固有的性道德，慢慢地走上了同一的大路。霭氏在这篇文字里，曾历叙西洋性道德的两种趋势，在中国的历史里，我们当然也有我们的趋势”[2]，“就是，子孙的重要。‘宜子孙’三个字始终是我们民族道德的最大理想”[3]。在这里，周作人、潘光旦与霭理士的思想达到了共通。

在潘光旦对霭理士的译介中，最浓墨重彩的一笔，莫过于对简易版《性心理学》的翻译。这本书是霭理士六大卷《性心理学》的简易版，同时也是全套丛书的第七卷。这种面向大众的精华通俗版在当时很是流行。当年《性心理学》在国际上风靡一时，英国哲学家罗素指出：“以性为题目的书种类繁多，不一而足，却很少有几本能让人放心；但这部作品实在精彩，值得钦佩，我们完全可以有把握向所有的人推荐。”[4]1933年8月，周作人花了三元钱买到了题有“学生用本”、被编入纽约一家书店“现代思想的新方面”丛书的《性心理学》英文版，他在《性的心理》一文中称该书表达了已是74岁的霭理士的“一种很好的人生观，沉静、坚忍，是自然的、科学的态度。……参透了

〔1〕潘光旦：《性的道德》，《潘光旦文集》(12)，潘乃穆，潘乃和编，北京：北京大学出版社，2000年，第110页。

〔2〕潘光旦：《性的道德》，《潘光旦文集》(12)，潘乃穆，潘乃和编，北京：北京大学出版社，2000年，第119页。

〔3〕潘光旦：《性的道德》，《潘光旦文集》(12)，潘乃穆，潘乃和编，北京：北京大学出版社，2000年，第120页。

〔4〕霭理士：《性心理学》，潘光旦译注，上海：上海三联书店，2006年，第373页。

人情物理，知识变了智慧，成就一种明净的观照”[1]。施蛰存也曾说对他一生影响最大的书是《性心理学》，并且对他的新感觉派小说产生了影响。张竞生的《性史》最初也是意在模仿霭理士的《性心理学》。《性心理学》学术和大众的两套笔墨影响了当时的不少学者，模仿者大有人在。1948 年 5 月 30 日，太平天国史专家罗尔纲在致他的老师胡适的信中写道：“（五）《太平天国新史简编》此种系为大众而写，以 Albert Mathiez 著的《法国革命史》为标准，即将上书缩写而成，闻西洋学者权威的著作于卷帙浩繁的著作，常有简编之作，如英国性心理权威霭理斯有洋洋巨著的《性心理学》，又有一部缩写的为大众预备的《性心理学》。学生拟仿此意写此两书。”[2]

1939 年 11 月 13 日，潘光旦开始翻译《性心理学》，1940 年，潘光旦借来了霭理士的自传并做了笔记，准备写一篇《霭理士传略》，可不幸把笔记丢了，没有写成，因此《性心理学》的附录中只有《霭理士传略》的存目。1941 年 11 月 27 日，他翻译完毕《性心理学》，题了五首诗，其中第三首诗曰：“私淑于今二十年，狂言惊座敢先传；独怜孺子披猖甚，一识相思百事蠲。”[3]

《性心理学》于 1944 年由云南省经济委员会印刷厂出版，无定价，纸张一般，分上下册，迄今笔者仅见过上册。这个版

〔1〕周作人：《性的心理》，北京鲁迅博物馆编《苦雨斋文丛·周作人卷》，沈阳：辽宁人民出版社，2009 年，第 204 页。

〔2〕罗尔纲：《罗尔纲全集》（第 21 卷），北京：社会科学文献出版社，2011 年，第 75 页。

〔3〕霭理士：《性心理学》，潘光旦译注，上海：上海三联书店，2006 年，扉页。

本流传不广。[1]后由商务印书馆于1946年4月在重庆出了一版，10月在上海出了一版，此后再版的都是上海这个版本，至1949年已是第四版了。在《性心理学》的序言中，潘光旦饱含深情地写道："译者并不认识霭氏，也始终不曾和他通过信；但二十年来，总觉得对他要尽我所能尽的一些心力，总好像暗地里向他许过一个愿似的。"[2]"以此比霭氏的等身的著作，可以说是腋之于裘，勺水之于沧海，但历年私许的愿，总算还了一些了。"[3]潘光旦在翻译中添加了多达十多万字的海量注释，"一是霭氏原注，占十分之一不足。二是霭氏所引用的书目。这又分两部分，一部分是见于《性心理学》原书的，比较的很简略，一部分则见于《研究录》。这第二种注约占十分之一。三是中国的文献与习惯中所流传的关于性的见解与事例，所占当在十分之七以上"[4]，他的注释称得上是严谨的学术研究。

1944年11月，重庆文摘出版社出版了冯明章节译的《性心理》一书。该书节译了简易版《性心理学》中的绪论、性的生物基础、青春期的性冲动、性变态及性象征主义、同性爱、结婚、恋爱的艺术、结论共八章。这个译本比潘光旦的要逊色不少，但亦再版四次。

---

〔1〕笔者私人藏书。

〔2〕霭理士:《性心理学》，潘光旦译注，北京：商务印书馆，1997年，第4页。

〔3〕潘光旦:《〈性心理学〉1941年序言》,《潘光旦选集》(第1集)，潘乃谷、潘乃和选编，北京：光明日报出版社，1999年，第89页。

〔4〕潘光旦:《〈性心理学〉1941年序言》,《潘光旦选集》(第1集)，潘乃谷、潘乃和选编，北京：光明日报出版社，1999年，第92页。

霭理士在1949年以后的翻译与传播

1939年，霭理士逝世，世界学术界丧钟遍野，彼时中国胶着于抗战，文艺界的反响并不大，但很多科学类的杂志都发了讣文纪念。如:《纪念蔼理斯》(《现实》杂志,1939年第3期);《英国心理学家蔼理斯逝世》(《新科学》杂志,1939年第6期);《科学思潮: 纪念蔼理斯》(《科学》杂志，1939年第10期)，等等。

随着文艺界的渐渐左倾，霭理士在文艺界日渐被冷落，直至远离科学界，暂时隐匿在一场狂欢之中。从40年代到80年代，对霭理士的研究基本处于空白。

上个世纪80年代以来，正值国际社会重新评价弗洛伊德，中国也兴起了“弗洛伊德热”，同样，心理学、性心理学也风靡一时。“文革”结束后，思想领域一片空白，西方流行的文艺思潮迅速进入广大年轻人的视野，霭理士的著作借此得以重新出版。1987年，三联书店重新出版了潘光旦译注的《性心理学》，霭理士重新进入了读者的视野。但是霭理士的书比弗洛伊德的要深、要难，并且介绍霭理士的通俗读物相对较少。普通人都能说上几个“意识”“潜意识”之类的洋词儿，而霭理士的作品仍在知识分子的范围内阅读流传。《性心理学》这本厚书很多人都见过，但真正从头读到尾的人寥寥。社会上并没有如出现“尼采热”“萨特热”“弗洛伊德热”那样，出现“霭理士热”。或者说，会出现“性心理学”热，但不会出现“霭理士热”。

然而，这并不妨碍《性心理学》在历史上的伟大，如今翻看任何一本讲性学、心理学的书，几乎都要涉及此书，各种辞典、工具书、名著简介、名人名言录中也必然会有此书。例如在王建平等主编《性心理学》[1]、余凤高著《西方性观念的变迁：西方性解放的由来与发展》[2]、曲广娣著《色情问题的根源和规范思路探讨》[3]、马保华主编《大学生性健康修养》[4]等书中，都为霭理士设有单独的章节。

此外，作家学者中不乏霭理士的门徒，其中，老学者鲲西对霭理士情有独钟。鲲西原名王勉，1938 年毕业于清华大学，曾担任上海古籍出版社编审。他于改革开放之后的“新时期”才开始大量写作并出版书籍，对霭理士推崇备至。

新时期以来，笔者统计新出版的霭理士著作主要有：

---

〔1〕王建平等主编:《性心理学》，北京：首都师范大学出版社，1998 年，第 26 页。

〔2〕余凤高:《西方性观念的变迁：西方性解放的由来与发展》，长沙：湖南文艺出版社，2004 年，第 194 页。

〔3〕曲广娣:《色情问题的根源和规范思路探讨》，北京：中国政法大学出版社，2013 年，第 26 页。

〔4〕马保华主编:《大学生性健康修养》，北京：高等教育出版社，2013 年，第 59 页。

表5

序号	出版年份	编 / 译者	书名	出版社	备注
1	1987	潘光旦译	《性心理学》	生活·读书·新知三联书店	
2	1988	陈维正等译	《性心理学》	贵州人民出版社	
3	1989	尚新建、杜丽燕译	《男与女》	中国文联出版公司	
4	1989	徐钟珏、蒋明译	《生命之舞》	生活·读书·新知三联书店	
5	1993	金锋、海涛编译	《性的海》	哈尔滨出版社	
6	1994	傅志强译	《生命的舞蹈》	中国社会科学出版社	
7	1997	潘光旦译	《性心理学》	商务印书馆	汉译世界学术名著丛书
8	2004	杨东雄编译	《幸福密码》	喀什维吾尔文出版社	
9	2005	莎文、黑子编译	《人性：影响人类 100 年的人类学性学思想》I（M 卷），II（F 卷）	新世界出版社	
10	2006	李光荣译	《性心理学：一个最文明的英国人特殊而严肃的性情》（缩译彩图本）	重庆出版社	
11	2009	王青松译	《禁忌的作用：霭理士随笔》	东方出版中心	
12	2009	刘宏威、虞珺译	《禁忌的功能》（英汉对照）	中国人民大学出版社	
13	2012	曹洪健编译	《性心理学》	北京出版集团	
14	2015	贾宁译	《性心理学》	译林出版社	
15	2015	傅志强译	《生命的舞蹈》	知识产权出版社	
16	2016	胡寿文、潘光旦译	《性与社会》	商务印书馆	
17	2017	杨虎啸、金钟华译	《霭理斯婚姻论》	上海社会科学院出版社	

收录涉及霭理士文章的报刊杂志主要有：

表6

序号	发表年份	作者	篇名	刊物	期号
1	1988	曹聚仁	曹聚仁谈《性心理学》	《读书》	第2期
2	1989	张中行	一本译著的失而复得	《读书》	第3期
3	1990	李文海	当代最文明的英国人写的书——介绍《性心理学》	《图书馆》	第5期
4	1990	朱希祥	用科学笔调写出的《性心理学》	《中国图书评论》	第5期
5	1991	吕叔湘	霭理士论塔布及其他，附《印象和感想》片段	《读书》	第3期
6	1996	洪菲	艾理士：点燃性学的灵光	《科技潮》	第8期
7	1999	储兆瑞	论霭理士名著《性心理学研究》的历史地位和现实意义	中国性学会第三届学术年会	
8	2003	许维素	性心理学的先驱——爱里斯	《大众心理学杂志》	第6期
9	2005	吕文浩	潘光旦对霭理士性心理学的接受、传播与修正	中国社会科学院近代史研究所青年学术论坛	
10	2006	金其斌	欲挽横流应有术，先从性理觅高深——论意识形态对潘光旦翻译《性心理学》的影响	《北京第二外国语学院学报》	第8期
11	2014	韩高峰	论蔼理斯“中庸之道”对周作人思想的影响	《吉林工程技术师范学院学报》	第6期
12	2015	万梦萦	《性心理学研究录》（节选）翻译项目报告	安徽大学硕士学位论文	
13	2016	金迎春	一本让人心生崇敬的书——读霭理士《性心理学》	《湖南教育》	第26期
14	2017	李荣	值得纪念的“翁婿合译本”	《新华每日电讯》	7月8日
15	2017	刘铮	钱锺书读霭理士	《文汇报》	9月2日

收录涉及霭理士文章的书籍主要有：

表 7

序号	出版年份	编 / 著者	篇名	书名	出版社	备注
1	1986	肖潇、琦民选编	性心理与恋爱艺术	《爱之奥秘》	宁夏人民出版社	
2	1988	永毅、晓华编	恋爱与性冲动的关系	《世界名家情爱论》	湖南文艺出版社	
3	1988	智邦编	埃利斯	《人怎样拯救自己：西方哲学人的信念》	花城出版社	本篇选自林衡哲著《廿世纪智慧人物的信念》，志文出版社
4	1989	龚维才编	升华	《命运女神的寻觅》	知识出版社	
5	1994	闵乐夫主编	性的教育	《大师谈早恋与性教育》	西南师范大学出版社	名师工程系列丛书，2009 年再版
6	1995	张昌华、汪修荣主编	性冲动的动力性质	《世界名人名篇经典》	北方文艺出版社	2005 年再版
7	1995	贺学君、汤学智编选	思想的艺术	《生命之舞》	光明日报出版社	二十世纪巨人随笔：人文科学家卷
8	1995	黄乔生	性博士：蔼理斯与张竞生	《西方文化与中国现代妇女观》	作家出版社	莱曼女性文化书系
9	1997	鲲西	霭理士与《性心理学》	《三月书窗》	上海远东出版社	2012 年再版
10	1998	赵澧	海涅论	《西苑诗雨：赵澧诗与诗论译文集》	中国人民大学出版社	

续表

序号	出版年份	编 / 著者	篇名	书名	出版社	备注
11	1999	叶灵凤	霭理斯的杂感集	《天才与悲剧》	花城出版社	叶灵凤文集
12	1999	潘乃穆等编	霭理士的人文思想	《中和位育：潘光旦百年诞辰纪念》	中国人民大学出版社	社会学人类学论丛
13	1999	韩笑编	婚姻美满问题	《中外名人论性爱、婚姻与家庭》	经济日报出版社	
14	1999	何尚主编	思想的艺术	《人类精神的高地：20世纪人文大师心灵随笔》	广东经济出版社	
15	2001	南黛、鲁越主编	思想的艺术	《老随笔：20世纪世界哲学大师卷》	海潮出版社	
16	2002	杰弗瑞・威克斯	第一章　海弗劳克・埃利斯与性改革政治	《20世纪的性理论和性观念》	江苏人民出版社	现代思想译丛
17	2004	杨自伍主编	跳舞的艺术	《英国经典散文》	上海文艺出版社	外国经典散文丛书
18	2005	吕文浩	论潘光旦在性问题研究上的贡献——以译注本《性心理学》为中心之分析	《中国社会科学院近代史研究所青年学术论坛2004年卷》	社会科学文献出版社	
19	2006	杨东雄编译	性知识的启蒙教育问题	《世界著名教育大师教子智慧经典：父母必备教子指南》	台海出版社	

续表

序号	出版年份	编 / 著者	篇名	书名	出版社	备注
20	2006	李小江	性别教育的破冰之旅——读［英］霭理士的《性心理学》	《女人读书》	江苏人民出版社	女性性别研究代表作导读
21	2007	谢志强、滕刚主编	何为婚姻	《婚姻是什么：全球 122 位大师谈婚姻》	九州出版社	
22	2007	景天魁主编	埃利斯：男与女	《社会学原著导读》	高等教育出版社	
23	2008	叶灵凤	《性心理研究》作者霭理斯	《读书随笔》修订版	生活・读书・新知三联书店	
24	2008	李银河编	第六讲　性心理学［英］埃利斯	《性爱二十讲》	天津人民出版社	大家西学
25	2008	萧瀚编	第十五讲　婚姻美满及一夫一妻制的标准	《婚姻二十讲》	天津人民出版社	大家西学
26	2009	吕叔湘	霭理士论塔布及其他	《书太多了》	东方出版中心	同收入《未晚斋杂览》《语文常谈》等书
27	2012	高健编译	印象与评论（1）	《枕边书与床头灯・英美随笔译粹》	上海译文出版社	
28	2013	雷晓敏	第四节　霭理斯对厨川白村的启迪	《苦闷文学反思：以厨川白村与鲁迅为枢纽》	暨南大学出版社	人文学丛书

作为性心理学研究的巨擘，霭理士对中国的影响幽微且深远。就已知文献来看，其著作被翻译多，研究少，多数文章止步于书评和推介。学界虽对霭理士有所辜负，然民国以降，译介而来的霭理士著作几乎得到一致的推崇与肯定。

与在英国初版时因有伤风化而被禁不同，霭理士引入中国已届民国年间，科学逐渐风靡起来，有关性的知识几乎成为一种时尚。因而社会上并没有出现对霭理士“风化”上的讨伐。早年张竞生为推广自己的性学理论，把霭理士的文章大量摘编翻印成小册子，人们对张竞生多有批评，但围剿之火并未引到霭理士身上。一律膜拜，缺乏争议话题，某种意义上也限制了霭理士在民间的传播，使其影响范畴始终局限在知识分子精英圈层。民国时期有关霭理士的文章多与婚恋、生育、两性关系相关，大众往往将其作为科普材料加以阅读，对其精妙思想和庞杂学问始终隔膜。二战后，优生学作为一门学科被逐出学术圣殿，此后霭理士不仅和普通读者格格不入，在知识分子中亦知音寥寥。

若论霭理士改变了谁的人生，恐怕还是周作人、潘光旦等大师，以及施蛰存、周劭、胡风等名家。理解霭理士需要渊博知识和西学底子，甚至需要具备一定的自然科学的基础。毕竟，唯真才识得真才，唯真色不妒真色。

大概霭理士的学问和他的情爱一样，是慢热型的。然一朝发动，则连绵不绝如沐春风，影响缓慢而久远。自 20 世纪 20 年代以来，中国每年都有与霭理士相关的文章发表，时常得见其精妙牙慧被文人俯拾，也偶有他的新书广告。霭理士未曾一夜蹿红，也绝不会轻易过气。他在文艺界的动静，如风和日丽的大海上的浪花般平均，却随时有可能孕出天风海涛。

永远会有读者因霭理士而思路大开，拥抱新的文明和文化。他靓丽的思想，如永动机般更新着我们对世界的理解边界。霭理士在文学、思想、哲学、科学、文艺理论等方面的巨大金矿，至今仍可谓一块处女地，需吾辈付之最敏感同时最热烈的神经加以对待。

附录 2

霭理士创作年表

1890 《犯罪研究》纽约：斯克里布纳·维尔福德出版社

《新精神》伦敦：贝尔出版社

1892 《国家与人民健康》伦敦：费舍尔·昂温出版社

1894 《男与女：关于人类第二性的研究》伦敦：沃尔特·司各特出版社

1897 《性倒错》（与阿丁顿·西蒙德斯合著）伦敦：威尔逊·马克米兰出版社（出版前即遭查封，汉斯·库雷拉将其翻译成德文，由乔治·H·威甘斯·维拉格在1896年于莱比锡出版）

《性倒错》（《性心理学》，第一卷）沃特福德大学出版社（修订及重编后的第二版于费城F.A.戴维斯出版社出版；于1915年再版）

1898 《断言》伦敦：沃尔特·司各特出版社

1899 《害羞的进化·性期的现象·自体性欲》（《性心理学》第二册）莱比锡大学出版社；沃特福德出版社再版）

1900 《十九世纪：乌托邦的对话》伦敦：格兰特理查兹出版社

1903 《性冲动分析·爱与痛·女人的性冲动》（《性心理学》第三册）费城：F.A.戴维斯出版社

1904 《大不列颠天才的研究》伦敦：赫斯特与布莱克特出版社

1905 《男子的性选择·触觉、嗅觉、听觉、视觉》（《性心理学》第四册）费城：F.A.戴维斯出版社

1906 《色欲象征·消肿机制·孕期心理》（《性心理学》第五册）

费城：F.A. 戴维斯出版社

1908 《西班牙之魂》伦敦：警察出版社

1910 《性与社会》（《性心理学》第六册）费城：F.A. 戴维斯出版社

1911 《种族再生问题》伦敦：卡索出版社

《梦之世界》波士顿：霍顿 · 米夫林出版社；伦敦：警察出版社

1912 《社会卫生学的使命》波士顿：霍顿 · 米夫林出版社；伦敦：警察出版社

1913 《与战作战》（波士顿：世界和平基金会宣传册）

1914 《随感录》伦敦：警察出版社；波士顿：霍顿 · 米夫林出版社

1917 《战时散文》伦敦：警察出版社

1918 《女性的情欲权利》与《婚姻的目的》（两篇散文）伦敦：不列颠性心理学研究协会

1919 《冲突的哲学及其余战时散文》伦敦：警察出版社；波士顿：霍顿 · 米夫林出版社

1921 《随感录》系列二（1914–1920）伦敦：警察出版社；波士顿：霍顿 · 米夫林出版社

《性之欢娱》伦敦：不列颠性心理学研究协会

1922 《堪歌溪谷：一首澳洲田园牧歌》沃尔瑟姆 · 圣劳伦斯：金鸡出版社

1923 《生命之舞》伦敦：警察出版社；波士顿：霍顿 · 米夫林出版社

1924 《随感录》系列三（1920–1923）伦敦：警察出版社；波士顿：霍顿 · 米夫林出版社

1925 《十四行诗与西班牙民歌》沃尔瑟姆 · 圣劳伦斯：金鸡出版社

1928 《异装癖及其相关研究》(《性心理学》第七册)费城：F.A. 戴维斯出版社

1929 《生活的艺术》(从霭理士的作品中收集，由赫伯特夫人摘选)伦敦：警察出版社；波士顿：霍顿·米夫林出版社

1930 《生命泉水》(《随感录》系列汇编)波士顿：霍顿·米夫林出版社

1931 《文学的色觉》伦敦：尤利西斯书店

《无名的亵德之种种》伦敦：尤利西斯书店

《给传记作者们的一封公开信》伯克利：海慈出版社；新泽西：金莺出版社

《关于爱情和贞操的更多散文》伦敦：警察出版社

1932 《观察与评论》(存稿精选，1884–1932，两册)伦敦：德斯蒙德·哈姆斯沃斯出版社；波士顿：霍顿·米夫林出版社

1933 《性心理学：学生手册》纽约：郎和史密斯出版社；伦敦：海尼曼出版社

1934 《我的告解：我们时代的问题》波士顿 & 纽约：霍顿·米夫林出版社；伦敦：约翰·雷恩出版社

1935 《从卢梭到普鲁斯特》波士顿 & 纽约：霍顿·米夫林出版社

1936 《我们时代的问题》纽约：先锋出版社；伦敦：约翰·雷恩出版社

《精编散文集·每一人》伦敦：登特出版社；纽约：达顿出版社

《性心理学》四卷本(重排版，增添新的序言)纽约：兰登书屋

1937 诗集（由约翰·高斯沃斯选编，霭理士作序）伦敦：理查兹出版社

1939《道德、礼仪与人》伦敦：沃茨出版社

《我的一生：霭理士自传》波士顿：霍顿·米夫林出版社；伦敦：海尼曼出版社

1951《性与婚姻：当代生活中的爱神》（由约翰·高斯沃斯汇编）纽约：兰登书屋；伦敦：欧内斯特本出版社

《欧洲的天才》（实际撰写于 1939 年）伦敦：威廉姆斯和诺戈特出版社 1950 出版；纽约：莱因哈特出版社 1951 年出版

参考文献

中文文献

霭理士作品

【1】 厄尔力斯：优生问题（新智识丛书），王新命译，商务印书馆，1924 年

【2】 Havelock Ellis：性心理，彭兆良译，美的书店，1927 年

【3】 霭理士：科学的生育（新文化丛书），彭兆良译，民新书局，1927 年

【4】 霭理士：女子的性冲动，夏斧心译，北新书局，1927 年

【5】 霭理斯：霭理斯婚姻论（婚姻丛书第一种），张竞生编，杨虎啸、金钟华译，美的书店，1928 年

【6】 霭理士：性期的现象，薛以恒译，金钟书店，1928 年

【7】 霭理士：霭理斯心理译丛（新文化性育小丛书），张竞生编，美的书店，1926—1928 年

【8】 霭理士：爱的艺术，C.C. 译，北新书局，1929 年

【9】 霭理士：性的教育（青年丛书第六种），潘光旦译，青年协会书局，1934 年

【10】 霭理士：性的道德（青年丛书第十三种），潘光旦译，青年协会书局，1934 年
【11】 霭理士：爱的丛书（上下），张竞生编译，美化出版社，1936 年
【12】 霭理士：爱情与道德（家庭丛书），梁渭华译，商务印书馆，1938 年
【13】 霭理斯：性心理，冯明章译，文摘出版社，1945 年
【14】 霭理士：性心理学，潘光旦译，商务印书馆，1946 年
【15】 霭理斯：亲密行为，黄洁译，国际文化事业出版社，1964 年
【16】 霭理士：性心理学，潘光旦译注，生活・读书・新知三联书店，1987 年
【17】 哈夫洛克・埃利斯：性心理学，陈维正、王作虹、周邦宪、袁德成、龙葵译，陈维正校，贵州人民出版社，1988 年
【18】 埃利斯：男与女，尚新建、杜丽燕译，中国文联出版公司，1989 年
【19】 蔼理斯：生命之舞，徐钟珏、蒋明译，生活・读书・新知三联书店，1989 年
【20】 霭理士：性的海，金锋、海涛编译，哈尔滨出版社，1993 年
【21】 哈夫洛克・埃利斯：生命的舞蹈，傅志强译，中国社会科学出版社，1994 年
【22】 霭理士：性心理学，潘光旦译注，商务印书馆，1997 年
【23】 爱理斯：幸福密码，杨东雄编译，喀什维吾尔文出版社，2004 年

【24】霭理士：性心理学，潘光旦译注，上海三联书店，2006 年
【25】哈夫洛克 · 霭理士：性心理学（缩译彩图本），李光荣译，重庆出版社，2006 年
【26】哈夫洛克 · 霭理士：禁忌的作用——霭理士随笔，王青松译，东方出版中心，2009 年
【27】H. 霭理士：禁忌的功能，刘宏威、虞珺译，中国人民大学出版社，2009 年
【28】霭理士：性心理学，曹洪健译，北京出版社，2012 年
【29】哈夫洛克 · 埃利斯：性心理学，陈维正、袁德成、龙葵、王作虹、周邦宪译，译林出版社，2014 年
【30】哈夫洛克 · 霭理士，性心理学，贾宁译，译林出版社，2015 年
【31】哈夫洛克 · 埃利斯：生命的舞蹈，傅志强译，知识产权出版社，2015 年
【32】霭理士：性与社会，胡寿文、潘光旦译，商务印书馆，2016 年
【33】霭理思（H.Ellis）：霭理斯婚姻论（民国西学要籍汉译文献 · 伦理学），杨虎啸、金钟华译，上海社会科学院出版社，2017 年
【34】伊利斯（Havelock Ellis）：爱情与道德（民国西学要籍汉译文献 · 伦理学），梁渭华译，上海社会科学院出版社，2017 年

周作人作品

【35】周作人：周作人文选（1898—1929），钟叔河选编，广州出版社，1995 年
【36】周作人：周作人文选（1930—1936），钟叔河选编，广州出

版社，1996 年
【37】周作人：周作人文选（1937—1944），钟叔河选编，广州出版社，1996 年
【38】周作人：周作人文选（1945—1966），钟叔河选编，广州出版社，1996 年
【39】周作人：周作人散文全集，钟叔河编订，广西师范大学出版社，2009 年
【40】周作人：周作人自编文集，止庵校订，河北教育出版社，2002 年
【41】周作人：周作人自编集，止庵校订，北京十月文艺出版社，2011 年
【42】周作人：周作人译文全集，止庵编订，上海人民出版社，2012 年
【43】周作人：周作人文类编，钟叔河编，湖南文艺出版社，1998 年
【44】周作人译：苦雨斋译丛·路吉阿诺斯对话集（上下），中国对外翻译出版公司，2003 年
【45】周作人、俞平伯：周作人俞平伯往来通信集，孙玉蓉编注，上海译文出版社，2013 年
【46】周作人：周作人日记（上中下，影印本），鲁迅博物馆藏，大象出版社，1996 年
【47】周作人：周作人讲演集，止庵编，河北人民出版社，2004 年
【48】周作人：周作人民俗学论集，吴平、邱明一编，上海文艺出版社，1999 年

【49】周作人：我的杂学，张丽华编，北京出版社，2005年
【50】周作人：周作人论儿童文学，刘绪源辑笺，海豚出版社，2011年
【51】周作人译：希腊的神与英雄，劳斯著，海南出版社，1998年
【52】周作人：周作人诗全编笺注，王仲三笺注，学林出版社，1995年
【53】周作人：知堂杂诗抄，岳麓书社，1987年
【54】周作人：绅士与流氓的拼搏——周作人杂文代表作品选，李伏虎编，甘肃人民出版社，1998年
【55】周作人译：卢奇安对话集——一部喜剧性讽刺作品，人民文学出版社，1991年
【56】周作人：知堂小品，刘应争编选，陕西人民出版社，1991年
【57】周作人：关于命运——周作人散文，林贤治编，花城出版社，2013年

周作人研究作品

【58】北京鲁迅博物馆编：苦雨斋文丛·周作人卷，辽宁人民出版社，2009年
【59】孙郁：鲁迅与周作人，河北人民出版社，1997年。
【60】孙郁：周作人和他的苦雨斋，人民文学出版社，2003年
【61】孙郁编选：周作人精选集，北京燕山出版社，2011年
【62】孙郁、黄乔生主编：回望周作人——周氏兄弟，河南大学出版社，2004年

【63】 孙郁、黄乔生主编：回望周作人——知堂先生，河南大学出版社，2004 年

【64】 孙郁、黄乔生主编：回望周作人——致周作人，河南大学出版社，2004 年

【65】 孙郁、黄乔生主编：回望周作人——其文其书，河南大学出版社，2004 年

【66】 孙郁、黄乔生主编：回望周作人——是非之间，河南大学出版社，2004 年

【67】 孙郁、黄乔生主编：回望周作人——研究述评，河南大学出版社，2004 年

【68】 孙郁、黄乔生主编：回望周作人——国难声中，河南大学出版社，2004 年

【69】 孙郁、黄乔生主编：回望周作人——资料索引，河南大学出版社，2004 年

【70】 钱理群：周作人传，北京十月文艺出版社，1990 年

【71】 钱理群：周作人论，生活·读书·新知三联书店，2014 年

【72】 钱理群：读周作人，天津古籍出版社，2001 年

【73】 钱理群：周作人研究二十一讲，中华书局，2004 年

【74】 钱理群：与周氏兄弟相遇，复旦大学出版社，2010 年

【75】 舒芜：周作人概观，湖南人民出版社，1986 年

【76】 舒芜：周作人的是非功过，辽宁教育出版社，2000 年

【77】 张菊香编：周作人散文选集，百花文艺出版社，1987 年

【78】 张明高、范桥编：周作人散文，中国广播电视出版社，1992 年

【79】 陶明志编：周作人论，北新书局，1934 年
【80】 陈子善、张铁荣编：周作人集外文（上下），海南国际新闻出版中心，1995 年
【81】 李晓明主编：周作人散文，吉林文史出版社，2002 年
【82】 王美春：从“先驱”到“附逆”——周作人思想、文化心态衍变研究，四川大学出版社，2011 年
【83】 耿传明：周作人的最后 22 年，中国文史出版社，2005 年
【84】 鲍耀明编：周作人与鲍耀明通信集，河南大学出版社，2004 年
【85】 倪墨炎：中国的叛徒与隐士——周作人，上海文艺出版社，1990 年
【86】 黄开发：人在旅途——周作人的思想与文体，人民文学出版社，1999 年
【87】 黄开发：周作人研究历史与现状，辽宁人民出版社，2015 年
【88】 黄开发：周作人精神肖像，辽宁人民出版社，2015 年
【89】 黄乔生：八道湾十一号，生活·读书·新知三联书店，2015 年
【90】 刘绪源：解读周作人，上海文艺出版社，1994 年
【91】 张菊香、张铁荣编：周作人年谱：1885—1967，天津人民出版社，2000 年
【92】 张菊香、张铁荣编：周作人研究资料（上下），天津人民出版社，1986 年
【93】 徐从辉编：周作人研究资料（上下），天津人民出版社，2014 年
【94】 止庵：周作人传，山东画报出版社，2009 年
【95】 余斌：周作人，南京大学出版社，2010 年

【96】黄乔生：度尽劫波——周氏三兄弟，群众出版社，1998 年
【97】程光炜编：周作人评说 80 年，中国华侨出版社，2005 年
【98】陈子善编：闲话周作人，浙江文艺出版社，1996 年
【99】卜立德：一个中国人的文学观——周作人的文艺思想，陈广宏译，复旦大学出版社，2001 年
【100】木山英雄：北京苦住庵记——日中战争时代的周作人，赵京华译，生活·读书·新知三联书店，2008 年
【101】陈子善：双子星座——管窥鲁迅与周作人，中华书局，2015 年

其他作品

【102】鲁迅：鲁迅全集，人民文学出版社，1981 年
【103】鲁迅：鲁迅全集（2005 年修订版），人民文学出版社，2005 年
【104】鲁迅：故事新编，人民文学出版社，1981 年
【105】潘光旦：潘光旦文集，潘乃穆、潘乃和编，北京大学出版社，2000 年
【106】潘光旦：潘光旦选集（第 1 集），潘乃谷、潘乃和选编，光明日报出版社，1999 年
【107】潘光旦：优生概论，北京大学出版社，2010 年
【108】孙郁：革命时代的士大夫——汪曾祺闲录，生活·读书·新知三联书店，2014 年
【109】黑格尔：历史哲学，王造时译，上海书店出版社，2006 年
【110】顾彬：中国古典散文——从中世纪到近代的散文、游记、笔记和书信，李双志译，华东师范大学出版社，2008 年

【111】余英时：士与中国文化，上海人民出版社，2013 年
【112】钱理群主编：中国沦陷区文学大系——散文卷，广西教育出版社，1998 年
【113】钱理群主编：中国沦陷区文学大系——新文艺小说卷（上下），广西教育出版社，1998 年
【114】钱理群主编：中国沦陷区文学大系——通俗小说卷，广西教育出版社，1998 年
【115】钱理群主编：中国沦陷区文学大系——评论卷，广西教育出版社，1999 年
【116】钱理群主编：中国沦陷区文学大系——史料卷，广西教育出版社，2000 年
【117】谢和耐：蒙元入侵前夜的中国日常生活，刘东译，江苏人民出版社，1995 年
【118】史华兹：古代中国的思想世界，程钢译，江苏人民出版社，2004 年
【119】马克斯·韦伯：儒教与道教，王容芬译，商务印书馆，2004 年
【120】福泽谕吉：文明论概略，北京编译社译，商务印书馆，1998 年
【121】福泽谕吉：劝学篇，群力译，商务印书馆，1984 年
【122】尼采：偶像的黄昏，卫茂平译，华东师范大学出版社，2007 年
【123】约翰·杜威：民主主义与教育，王承绪译，人民教育出版社，2001 年
【124】埃斯库罗斯、索福克勒斯、欧里庇德斯：古希腊悲剧经典（上下），罗念生译，作家出版社，1998 年

【125】简·雅各布斯：美国大城市的死与生（纪念版），金衡山译，译林出版社，2006 年

【126】古斯塔夫·勒庞：乌合之众——大众心理研究，冯克利译，中央编译出版社，1998 年

【127】尼尔·波兹曼：娱乐至死，章艳译，广西师范大学出版社，2011 年

【128】奥尔特加·加塞特：大众的反叛，刘训练、佟德志译，吉林人民出版社，2004 年

【129】汉娜·阿伦特：极权主义的起源，林骧华译，生活·读书·新知三联书店，2008 年

【130】汉娜·阿伦特：人的境况，王寅丽译，上海人民出版社，2009 年

【131】汉娜·阿伦特：论革命，陈周旺译，译林出版社，2007 年

【132】苏珊·桑塔格：疾病的隐喻，程巍译，上海译文出版社，2003 年

【133】苏珊·桑塔格：心为身役——苏珊·桑塔格日记与笔记（1964—1980），戴维·里夫编，姚君伟译，上海译文出版社，2015 年

【134】克鲁泡特金：巴金译文全集（第十卷）：伦理学的起源和发展、告青年、社会变革与经济的改造，巴金译，人民文学出版社，1997 年

【135】克鲁泡特金：互助论，李平沤译，商务印书馆，2011 年

【136】瓦尔特·本雅明：发达资本主义时代的抒情诗人——论波

德莱尔，张旭东、魏文生译，生活·读书·新知三联书店，1989 年
【137】威廉·曼彻斯特：光荣与梦想，广东外国语学院美英问题研究室翻译组译，海南出版社，三环出版社，2004 年
【138】米克洛什·哈拉兹蒂：天鹅绒监狱，戴潍娜译，中央编译出版社，2015 年
【139】刘军宁：保守主义（修订第三版），东方出版社，2014 年
【140】夏志清：中国现代小说史，刘绍铭等译，香港中文大学出版社，2001 年
【141】夏志清：人的文学，辽宁教育出版社，1998 年
【142】李欧梵：中国现代文学与现代性十讲，复旦大学出版社，2002 年
【143】周策纵：五四运动——现代中国的思想革命，周子平译，江苏人民出版社，2005 年
【144】许纪霖：中国知识分子十论，复旦大学出版社，2003 年
【145】许纪霖等：近代中国知识分子的公共交往（1895—1949），上海人民出版社，2008 年
【146】杜亚泉：杜亚泉著作两种，田建业编校，新星出版社，2007 年
【147】许纪霖、田建业编：杜亚泉文存，上海教育出版社，2003 年
【148】唐德刚：晚清七十年（全五册），远流出版社，1998 年
【149】茅海建：天朝的崩溃——鸦片战争再研究，生活·读书·新知三联书店，2005 年
【150】钱穆：中国历代政治得失，生活·读书·新知三联书店，

2001 年

【151】梁启超：中国近三百年学术史，上海三联书店，2006 年

【152】郑振铎：中国俗文学史，商务印书馆，2010 年

【153】支伟成：清代朴学大师列传，岳麓书社，1998 年

【154】林志宏：民国乃敌国也——政治文化转型下的清遗民，中华书局，2013 年

【155】黄克武：近代中国的思潮与人物，九州出版社，2013 年

【156】张玉法：清季的革命团体，北京大学出版社，2011 年

【157】张玉法：清季的立宪团体，北京大学出版社，2011 年

【158】徐中约：中国近代史，计秋枫、朱庆葆译，世界图书出版公司，2008 年

【159】孔飞力：中国现代国家的起源，陈兼、陈之宏译，生活·读书·新知三联书店，2013 年

【160】王德威：现代中国小说十讲，复旦大学出版社，2003 年

【161】王德威：抒情传统与中国现代性——在北大的八堂课，生活·读书·新知三联书店，2010 年

【162】赵园：明清之际士大夫研究，北京大学出版社，1999 年

【163】赵园：北京——城与人，北京大学出版社，2002 年

【164】耿德华：被冷落的缪斯——中国沦陷区文学史（1937—1945），张泉译，新星出版社，2006 年

【165】张泉：沦陷时期北京文学八年（北京地域文学丛书），中国和平出版社，1994 年

【166】西格蒙德·弗洛伊德：梦的解析，孙名之等译，国际文化出

版公司，2001 年
【167】荣格：心理学与文学，冯川、苏克译，三联书店，1987 年
【168】米歇尔·福柯：性经验史（增订版），佘碧平译，上海人民出版社，2005 年
【169】埃利希·诺伊曼：大母神——原型分析，李以洪译，东方出版社，1998 年
【170】托马斯·莫尔：乌托邦，戴镏龄译，商务印书馆，1982 年
【171】江绍原：发须爪——关于它们的迷信，中华书局，2007 年
【172】高罗佩：中国古代房内考——中国古代的性与社会，李零、郭晓惠等译，上海人民出版社，1990 年
【173】高罗佩：秘戏图考——附论汉代至清代的中国性生活（公元前二〇六年——公元一六四四年），杨权译，广东人民出版社，1992 年
【174】周越然：言言斋性学札记，广西师范大学出版社，2004 年
【175】叶灵凤：书淫艳异录（全二册），福建教育出版社，2013 年
【176】叶灵凤：世界性俗丛谈，广西师范大学出版社，2004 年
【177】马林诺夫斯基：野蛮人的性生活——关于（不列颠新几内亚）特罗布里恩德群岛土著的求爱、结婚和家庭生活的民族学报告的新描述，刘文远、纳日碧力戈、马殿君等译，团结出版社，1987 年
【178】张竞生：张竞生文集（上下），广州出版社，1998 年
【179】张竞生：性史（一至八集），电子版
【180】张竞生：性史 1926，世界图书出版公司，2014 年

【181】张竞生等：爱情定则——现代中国第一次爱情大讨论，张培忠编，生活·读书·新知三联书店，2011 年
【182】姚灵犀：瓶外卮言，南开大学出版社，2013 年
【183】姚灵犀：采菲录初编、续编、第三编、第四编、新编、采菲菁华录，电子版
【184】姚灵犀：思无邪小记，天津书局，1941 年
【185】杨念群：何处是“江南”——清朝正统观的确立和士林精神世界的变异，生活·读书·新知三联书店，2010 年
【186】秦淮寓客：女史——解码古代闺阁私密，江苏人民出版社，2011 年
【187】班昭：女诫，中央民族大学出版社，1996 年
【188】陈东原：中国妇女生活史，商务印书馆，1998 年
【189】梅志、晓风编：胡风——死人复活的时候，中国青年出版社，1999 年
【190】胡风：胡风评论集（上），人民文学出版社，1984 年
【191】胡风：胡风全集（第 4 卷），湖北人民出版社，1999 年
【192】舒芜：哀妇人，安徽教育出版社，2004 年
【193】舒芜：舒芜集，河北人民出版社，2001 年
【194】厨川白村：苦闷的象征，鲁迅译，人民文学出版社，2007 年
【195】吕文浩：中国现代思想史上的潘光旦，福建教育出版社，2009 年
【196】谭正璧：中国女性文学史·女性词话，上海古籍出版社，2012 年

【197】张培忠：文妖与先知——张竞生传，生活·读书·新知三联书店，2008 年
【198】夏晓虹：晚清女性与近代中国，北京大学出版社，2004 年
【199】林贤治：人间鲁迅，安徽教育出版社，2004 年
【200】林贤治：五四之魂——中国知识分子精神史，广西师范大学出版社，2008 年
【201】叶文心：民国时期大学校园文化，冯夏根、胡少诚、田嵩燕等译，刘文楠校，中国人民大学出版社，2012 年
【202】卡本忒：爱的成年，郭昭熙译，上海开明书店，1929 年
【203】水建馥译：古希腊抒情诗选，人民文学出版社，1988 年
【204】雅各布·布克哈特：希腊人和希腊文明，王大庆译，上海人民出版社，2008 年
【205】王充：论衡，岳麓书社，2006 年
【206】张燕婴译注：论语，中华书局，2006 年
【207】韩愈：韩愈诗文选评，孙昌武注评，三秦出版社，2004 年
【208】李贽：初潭集，中华书局，2009 年
【209】俞正燮：癸巳类稿（15 卷全），枕碧山庄刊本，光绪十四年
【210】俞正燮：癸巳存稿，辽宁教育出版社，2003 年
【211】斯蒂芬·茨威格：昨日的世界——一个欧洲人的回忆，舒昌善译，生活·读书·新知三联书店，2010 年
【212】克里玛：布拉格精神（曼陀罗译丛），崔卫平译，作家出版社，1998 年

期刊论文

【213】孙郁：周作人的审美追求与现代社会之抵牾，天津师范大学学报（社会科学版），1992 年第 4 期

【214】孙郁："他人的自我"与"自我"——木山英雄对鲁迅、周作人研究的启示，解放军艺术学院学报，2010 年第 2 期

【215】黄裳：关于周作人，读书，1989 年第 9 期

【216】钱理群：走向深渊之路——周作人后期思想研究，鲁迅研究动态，1987 年第 1 期

【217】舒芜：周作人概观（下），中国社会科学，1986 年第 5 期

【218】张铁荣：关于周作人遇刺未遂事件，鲁迅研究月刊，1993 年第 5 期

【219】黄开发：新时期周作人研究述评，文学评论，1990 年第 5 期

【220】许宝骙：周作人出任华北教育督办伪职的经过，鲁迅研究动态，1987 年第 1 期。

【221】陈漱渝：东有启明，西有长庚——鲁迅与周作人失和前后，鲁迅研究动态，1985 年 5 期

报刊杂志

【222】新青年

【223】语丝

【224】北新

【225】古今

【226】绍兴教育周刊

【227】宇宙风

【228】人世间

【229】华北日报

【230】东方杂志

【231】晨报副刊

【232】亦报

【233】文汇报

【234】大公报

【235】新文学史料

【236】浙江档案

【237】抗战文艺

【238】青年界

【239】骆驼草

【240】真美善

外文文献

Works by Havelock Ellis

【241】*A Study of British Genius*, London: Hurst and Blackett, 1904.

【242】*The Dance of Life*, Boston: Houghton Mifflin, 1923.

【243】*Fountain of Life*, Boston: Houghton Mifflin, 1930.

【244】*Essays in War-Time*，London：Constable，1917.

【245】*The Criminal*，New York：Scribner and Welford，1890.

【246】*The New Spirit*，London：Bell，1890.

【247】*The Nationalization of Health*，London：T. Fisher Unwin，1892.

【248】*Man and Woman：A Study of Human Secondary Sexual Characters*，London：Walter Scott，1894.

【249】*Affirmations*，London：Walter Scott. A Note on the Bedborough Trial. Watford：University Press（privately printed），1898.

【250】*The Nineteenth Century：A Dialogue in Utopia*，London：Grant Richards，1900.

【251】*The Analysis of the Sexual Impulse*，*Love and Pain*，*The sexual Impulse in Women*（Studies in the psychology of Sex，Vol. III），Philadelphia：F. A. Davis，1903.

【252】*The Soul of Spain*，London：Constable，1908.

【253】*The Evolution of Modesty*，*The phenomena of Periodicity*，*Auto-Erotism*（Studies in the Psychology of Sex，Vol. II）. Watford. 2nd ed.（revised and renumbered as Studies，Vol. I），Philadelphia：F.A. Davis，1900 3rd ed.1910.

【254】*Sex in Relation to Society*（Studies in the psychology of Sex，Vol. VI）. Philadelphia：F. A. Davis，1910.

【255】*Sexual Selection in Man*（Studies in the psychology of Sex，Vol. IV）. Philadelphia：F. A. Davis，1905.

【256】*Erotic Symbolism*，*The Mechanism of Detumescence*，*The*

Psychic State in Pregnancy (Studies in the psychology of Sex, Vol. V) . Philadelphia: F. A. Davis, 1906.

【257】*Erotism and Other Supplementary Studies* (Studies in the psychology of Sex, Vol. VII), Philadelphia: F. A. Davis, 1928.

【258】*The Erotic Rights of Women and the Objects of Marriage*, London: British Society for the Studies of Sex psychology, 1918.

【259】*The Problem of Race-Regeneration*, London: Cassell, 1911.

【260】*The World of Dreams*, Boston: Houghton Mifflin; London: Constable, 1911.

【261】*The Task of Social Hygiene*, Boston: Houghton Mifflin; London: Constable, 1912.

【262】*The forces Warring Against War*, Boston: World Peace Foundation Pamphlet, 1913.

【263】*Kanga Creek: An Australian Idyll.* Waltham St. Lawrence: Golden Cockerel Press, 1922.

【264】*Little Essays of Love and Virtue*, London: Adam and Charles Black, 1922.

【265】*The Philosophy of Conflict and Other Essays in War-Time*, London: Constable; Boston: Houghton Mifflin, 1919.

【266】*Impressions and Comments*, *First Series*, London: Constable; Bostn: Houghton Mifflin, 1914.

【267】The *Origin of War*, Rptd in *Philosophy of Conflict*, 1919.

【268】*Impressions and Comments*, *Second Series*, *1914-1920*,

London: Constable; Boston: Houghton Mifflin, 1921.

【269】*Impressions and Comments, Third Series, 1920-1923*, London: Constable; Boston: Houghton Mifflin, 1924.

【270】*The Art of Life: Cleanings from the Works of Havelock Ellis*, selected and arranged by Mrs. S. Herbert, London: Constable; Boston: Houghton Mifflin, 1929.

【271】*The Color-Sense in Literature*, London: Ulysses Book Shop, 1931.

【272】*Concerning Jude the Obscure*, London: Ulysses Book Shop, 1931.

【273】*An Open Letter to Biographers*, Berkeley Heights, N.J.: Oriole Press, 1931.

【274】*The Revaluation of Obscenity*, Paris: Hours Press, 1931.

【275】*More Essays of Love and Virtue*, London: Constable, 1931.

【276】*Views and Reviews: A Selection Uncollected Articles, 1884-1932*. 2 vols, London: Desmond Harmsworth; Boston: Houghton Mifflin, 1932.

【277】*Psychology of Sex: A Manual for Students*, New York: Long and Smith; London: Heinemann, 1933.

【278】*My Confessional: Questions of Our Day*, Boston and New York: Houghton Mifflin; London: John Lane, 1934.

【279】*From Rousseau to Proust*, Boston and New York: Houghton Mifflin, 1935.

【280】*Selected Essays* (*Everyman*), London: Dent; New York: Dutton, 1936.

【281】*Studies in the Psychology of Sex* (rearranged, with a new Forward). 4 Vols, New York: Random House, 1936.

【282】*Poems*, selected by John Gawsworth; with Preface by Havelock Ellis, London: Richards Press, 1937.

【283】*Morals, Manners, and Men*, London: Watts, 1939.

【284】*My Life: Autobiography of Havelock Ellis*, Boston: Houghton Mifflin; London: Heinemann, 1939.

Others

【285】Jacques Barzun, *Classic, Romantic and Modern*, London: Secker and Warburg, 1916.

【286】Olive Schreiner, *Little Essays of Love and Virtue*. London: Adam and Charles Black, 1922.

【287】Charles Bennett, *A Philosophical Study of Mysticism*. New Haven: Yale University Press, 1923.

【288】Olive Schreiner, *The Letters of Olive Schreiner*, S. C. Cronwright-Schreiner ed., London: T. Fisher Unwin, 1924.

【289】William McDougall, *An Outline of Abnormal Psychology*. London: Methuen, 1926.

【290】Dudley Carew, "Belles-Letters", in *London Mercury*, XIV, Aug 1926.

【291】Bronislaw Malinowski，*Sex and Repression in Savage Society*. London：Routledge & Kegan Paul，1927.

【292】Van de Velde，Theodore H. *Ideal Marriage*：*Its Physiology and Technique*. London：William Heinemann，1928.

【293】Ernest Boyd，"Readers and Writers"，in *Independent*，CXX，1928.

【294】Kallen，H. M，"The Depths and Ellis"，in *Saturday Review Of Literature*，V（July28，1928），1-2.（1928）

【295】Ernest Rhys，*Everyman Remembers*，London：J.M.Dent，1931.

【296】Magnus Hirschfeld，*Men and Women*：*The World Journey of a Sexologist*，New York：Putnam，1935.

【297】Charles Angoff，"Havelock Ellis"，in *American Mercury*，XXXIV，1935.

【298】Margaret Sanger，*An Autobiography*. New York：Norton，1938.

【299】Bernard DeVoto，"*Meditation in Fading Sunlight*"，in *Harper's*，CLXXIX，Oct 1939.

【300】Bernard DeVoto，"*Widower's House*"，in *The Saturday Review of Literature*，4Nov，1939.

【301】Cargill Oscar，*Intellectual America*；*Ideas On The March*，NY：MacMillan，1948.

【302】Buchanan-Gould Vera，*Not Without Honor*：*The Life and Writings of Olive Schreiner*，London：Hutchison，1949.

【303】John Gawsworth ed.，*From Marlowe to Shaw*：*The Studies*，*1876-*

1936, *in English Literature of Havelock Ellis*, London: Williams and Norgate, 1950.

【304】Jerome Hamilton Buckley, *The Victorian Temper*: *A Study in Literary Culture*, Cambridge: Harvard University Press, 1951.

【305】Ashley Montagu, *The Natural Superiority of Women*, New York: MacMillan, 1953.

【306】Marion V. Friedmann, *Olive Schreiner*: *A Study in Latent Meanings*, Johannesburg: Witwatersrand University Press, 1954.

【307】Michael Harmel, *Olive Schreiner*, *1855-1955*, Cape Town: Real Publishing Co., 1955.

【308】Lyndall Gregg, *Memories of Olive Schreiner*; London and Edinburgh: W.& R. Chambers, 1957.

【309】John Stewart Collis, *Havelock Ellis*: *Artist of Life—A Study of His Life and Work*, New York: William Sloane Associates, 1959.

【310】Ernest Jones, *Free Associations*, London: Hogarth, 1959.

【311】Anne Fremantle, *This Little Band of Prophets*: *The Story of the Gentle Fabians*, London: Allen & Unwin, 1960.

【312】W.H.G. Armytage, *Heavens Below*: *Utopian Experiments in England*, 1560–1960, Carbondale: Southern Illinois University Press, 1961.

【313】Francoise Delisle, *In Love with Love*, London: Delisle, 1962.

【314】Bryher, *The Heart to Artemis*, London: Collins, 1963.

【315】Juliet B. Mittleman, *Havelock Ellis*: *Literary Critic of the Nineties*,

Unpublished dissertation, University of Chicago, 1968.

【316】David Kennedy, *Birth Control in America*, Yale Publications in American Studies, 1970.

【317】Edward Brecher, *The Sex Researchers*, London: Deutsch, 1971.

【318】Paul Robinson, *The Modernization of Sex*, London: Paul Elek, 1976.

【319】Sheila Rowbotham, *A New World for Women: Stella Browne—Socialist Feminist*, London: Pluto Press, 1977.

【320】Phyllis Grosskurth, *Havelock Ellis: A Biography*, New York: Alfred A. Knopf, 1980.

【321】Iwan Bloch, *The Sexual Life of Our Time in Its Relation to Modern Civilization*, London: Rebman, 1999.

后 记

我的爷爷是个书痴，一辈子挨奶奶训，皆因他“书呆子”。年过八十，日日还如赶考书生般，一笼笼管子、庄子、黄帝内经、中华道藏……从书架、床头一路摞到阳台上去了。一天，他问我，博士论文写完没，我说早呢；问还需多少字，至少十万吧。大惊。正色道：“写这么多谁有工夫看！”随即拍胸担保，“绝没有人看！”我想，爷爷你对我真有信心。半年后，我论文仍未写出，爷爷劝我随便点，一旁奶奶喝道：“那怎行！”奶奶读书亦恨书，常数落爷爷的头条罪状：饭饱了碗还没丢稳就急着捧书去。这一回，轮到奶奶和我严肃探讨，“博士论文还不是你一辈子的事，待你百年之后，别人翻时……”我立刻打断她，奶奶你对我真有信心……亏了爷爷奶奶的这些年里的哄惯，我可以一直毫不羞耻地当一个“老学生”，从事一桩枯燥的趣味。这一年下来，写论文吐出的血够浇一盆花儿。

我只愿一次花开不是罪孽。

金圣叹评才子书曰：“是故作书，圣人之事也。非圣人而作书，其人可诛，其书可烧也。作书，圣人而天子之事也。非天子而作书，其人可诛，其书可烧也。”我辈此等破道破治之妄作，岂不是杀头的罪。惊惶之余，只祈愿自己花费青春建筑的不是垃圾，有一些学术和文学上的叛逆与意义。读博四年，最要感谢的是恩师孙郁先生，他身上的魏晋名士之风，涤荡了圈内的陈弊与腐气，让我在一个“假天下”里见识到了“真人”。博士入学之初，孙老师就为我设计了作家兼学者的道路，希望学术研究不要伤害到我的诗歌和戏剧创作。四年的时间，孙老师亦师亦父亦友，在我学术和人生的重大问题上都给予了毫无保留的指导和帮助。我的博士论文，孙老师从最初选题，到研究思路、学术创见等方方面面提点指导，并最大限度地赋予我自由，去逃脱学术八股与腐气，让我得以在论文写作中，自由地选择传统，自由地选择仇敌，并为之奉上我毫无虚情假意的全部的殷勤。

感谢杜克大学的 Carlos Rojas 教授，让我有机会在杜克访学期间查找获得大量的霭理士第一手原文资料。感谢中国人民大学文学院杨庆祥师兄，四年前，当我还在回国创业的迷梦中犹疑，他推荐我报考了文学博士，回归到文学正途。感谢赵稀方、王家新、杨联芬、程光炜、李今、黄开发、高远东等老师在开题报告和论文答辩环节为我提出意见指出讹误。感谢中国人民大学哲学系李萍教授，李老师在新加坡访学期间，亦不忘为我搜集相关研究资料。感谢我的闺蜜室友朱丽娟博士，从加拿大不远万里为我运回了霭理士的初版书。感谢止庵老师通读全文后跟我探讨书稿的修改方向并给予诸多启发性的建议。特别感谢京味作家侯磊，向我贡献了至为珍贵和保密的相关家族史料及他多年的藏书。写作本书期间，《东方历史评论》的每周聚会几乎构成了我这几年最重要的智识生活，一群人面对动情的历史，巩固彼此的友谊，帮助彼此发现怀疑，并从中不断完成某种确信和确认：确信我们在做有价值的事，确信人类可以体验更高尚的情感和道德，而不是一群枯燥的野兽。感谢身边同行的一帮智圆行方的好友们，牵拉我，让我没有堕落进一个更庸常的世界。最后要感谢我深爱的家人，他们是大于一切的一切。

2016 年 3 月